Veronika Girsch

Dalebt und dalost

Gereimte Geschichten
in Mundart

Mit Zeichnungen von
Margit Funk

Die Autorin Veronika Girsch

Ich heiße Veronika Girsch und wurde 1972 in Stössing geboren. Mit meinen beiden Brüdern wuchs ich dort am elterlichen Bauernhof auf.
Mein erlernter Beruf ist Einzelhandelskauffrau. Als nach meiner Heirat mit Franz Girsch 1994 unsere vier Kinder geboren wurden, blieb ich bei ihnen in Michelbach daheim.
Später arbeitete ich in der Tischlerei im Ort und auch als Haushaltshilfe. Seit 2018 bin ich als solche bei unserer Allgemeinmedizinerin beschäftigt, was man in meinen Gedichten erkennen wird.

Meine Hobbies sind Wandern, Rad fahren, im Garten arbeiten und Beschäftigung mit Blumen. Mein jüngstes Hobby ist, Erlebtes in Reime zu fassen und mit Humor verkleiden. Ich verwende dabei die Mundart.

Als ich mit dem Aufschreiben meiner gereimten Geschichten begann, dachte ich nicht daran, dass daraus einmal ein Buch entstehen könnte. Aber so schnell kann es gehen, kaum hatte ich meine Gedichte öffentlich gelesen, arbeitete ich schon am ersten Buch.
Danach glaubte ich nicht daran, nochmal eines mit Reimen füllen zu können. Durch die Ermutigung „Vroni schreib weiter“, ist es doch gelungen. Danke dafür!

Es ist ein wunderbares Gefühl, ein eigenes Buch in den Händen zu halten, und es ist mir bewusst, dass ich nicht davon leben muss. Das Schreiben ist ein Hobby, und das wird es immer bleiben.

Die Zeichnerin, Margit Funk

Margit Funk wurde 1971 geboren und durfte eine glückliche Kindheit auf dem Hof der Eltern verbringen.

Sie ist verheiratet und hat drei erwachsene Kinder.

Die gelernte Verkäuferin, arbeitet auch als Nebenerwerbsbäuerin. Ihr Hobby ist das Zeichnen. Schon von Kindheit an hat sie gerne mit Stift und Farbe hantiert und nie die Freude daran verloren. In diesem Buch findet man viele tolle Beispiele dafür.

Seite	Bilder	Seite	Bilder	Seite	Bilder
9	Hände	61	Regen	121	Hörapparat
14	Herz	69	Lausbub	125	Heuschrecke
17	Noan	71	Wurstsemmeln	128	Plakette
19	Calla	75	Mistkübel	131	Katze
22	Rose	79	Hund	137	Schwalben
23	Krapfen	81	Sportlich	143	Tasten
24	Kreuzweg	83	Ballon	145	Leibwächter
28	Uhr	89	Speisekarte	151	Rettung
35	Spinne	93	Am Tisch	154	Sissi
37	Gewürze	95	Kukuruz	157	Plakat
41	Pumuckl	101	Klorolle	160	Pilze
49	Löwenzahn	103	Besengeld	169	Mystisch
51	Jause	109	Kirchenbank	175	Adventkranz
53	Schüssel	111	Frau badet	177	Christbaum
55	Margerite	115	Regner	179	Eiszapfen
56	Spiegel	119	Schildkröte	182	Zeichnerin

Seite	Titel
2	Die Autorin
3	Die Zeichnerin
9	Vagötz God
10	A Grüblarei
11	Ohne Maskn lebn
12	Wos ma ois net soid doan
13	Ned gschimpft is globt gmua
14	Wos mia am Herzn liegt
15	De Foschingsnoan
16	Lauta Noan
18	Da Valentinstog
20	Hechst aunsteckend
22	Rosnmontog
23	Foschingdienstog
24	A bsundra Kreizweg
26	Es kau ned jeda da Erste sei
27	Da heilige Josef
28	Zeitumstöhlung
29	Danke
30	A Raffarei
31	Turne bis zur Urne
32	Ungwiss
33	Da Müllpopst
34	Aus da Sicht ana Spinnarin
36	Ausgsteckt is
37	D´Schiaffn föd
38	Stoana auf mein Weg
39	Da Hozattog

Seite	Titel
40	Guade Nocht Gschichtn
42	Da Maistrich
43	Muttatog
44	Des heilige Wochnend
45	Humor is de beste Medizin
46	Des liawe Colesterin
47	Fuchzga Feia
48	Schirmalflug
50	Befundbesprechung
52	Unfreiwillige Turnübung
54	Mei Oibtraum
55	Liabt mi, liabt mi ned
56	Mei Spiaglbüd
57	Dei Schutzengl
58	Morgnmensch
59	Wos do de Leit song dadn
60	Beim Fraunoazt
61	Flüßiga Sonnenschein
62	S´Museum auf da Gümpe – Insl
64	Da Owezarra
65	Hüfts ned, so schods ned, des Gebet
66	D´Einsaumkeit
67	Scheh saufa
68	Unsa Lausbua
70	Dea fruchtboare Bodn
72	Des Opfa
73	Votatog
74	Des hätt an Sinn

Seite	Titel
76	A gschickta Mau
77	Auf, du oide Kraxn
78	Delikatess oda Zerstörungsstreß
80	Es spült se ois im Kopf o
82	De gschenkte Foahrt
84	Unsa Singkreis
85	D´Fantasy spült varruckt
86	De Fedlfuahr
87	Des Guggloch
88	Fias Göd de heile Wöd
90	A Ausanaundasetzung
91	Da Sex des Oitas
92	Bei an Oidn bist guad ghoidn
94	A strenge Garde
96	Wirtin mit Leib und Söh
98	Is ois gsogt?
99	Weg vom Geist
100	D´Mundoart
102	Des Besngöd
104	Wundaboare Kläng
105	In Od´m ziagn
106	Wia a Schea
107	A Zehz´n
108	Wer wird scho ned gern globt
110	Nockat bodn
112	Des Treibn am See
113	Des Salettl
114	Da Wülln geht fias Werk

Seite	Titel
116	Niedadruckweda
117	Pflichttermin
118	A bsundre Bekauntschoft
120	Wos ned ois gibt
122	Aufg´warmt
123	D´Oawat rennt ned davon
124	Nua ned jamman
126	Stad schauat sei
127	A aufgsprunga auf den Zug
128	Des Woahrzeichn
129	A Unrecht dau
130	Des is wos mit uns zwa
132	Des stühle Lob
133	Da Notschluck
134	A bewegta Heirign
136	Da Jojo Effekt
137	Schwoimvasaumlung
138	Bei unsra Nahvasorgarin
140	Woast des Du?
141	D´Flechtarei
142	A gspiariga Mensch
144	Fenstatog
146	Zwo zankate Gschirrdiachln
147	Da vagessane Beruf
148	Da Himmi auf Erdn
149	Hoamli
150	Des Jamman bringt nix
152	Trinkst a Kaisa, bist a Kaisa

Seite	Titel
155	Heit gibts Dodschn
156	Woitog
158	Spurn va an Menschn
159	S´Betn
160	Des Guade üwas Schlechte
161	Hatschi
162	So wos lob i ma
163	Obnteia pur
164	Unerklärboare Kräfte
165	Vom Herrgott vagessn
166	Es gibt ka Zruck
167	Kindamund
168	Mystisch
170	De Technik is a Luada
171	Oafoch deunehma
172	Auf da Suche
173	Advent
174	Herrgott schau owa
175	Vorbei
176	Woa des a Freid
178	Eiszopfnstreidarei
180	Süwösta
181	Daungsche
182	D´Margit
183	Der Lichtblickhof
184	Impressum

Vagötz God

Vagötz god, daß oa Baund scho unta d´Leit.
Vagötz god fias dazöhn, daß des woa a Freid.
Vagötz god, daß ma haum kina so vü spendn.
Vagötz god, daß ma oiwei wos eifoid,
es duad nu ned endn.
Vagötz god, daß d´Leit se intressiern fia meine Gschichtn.
Vagötz god fia mei Freid beim Dichtn.
Vagötz god fia de wundaboarn Illustrationen dazua.
Vagötz god song kau ma ned gmua.
Vagötz god in Valog, daß jeds Wort korrekt druckt.
Vagötz god, allane wuat i do varruckt.
Vagötz god, do is da „Gott" dabei.
Vagötz god song soima oiwei.

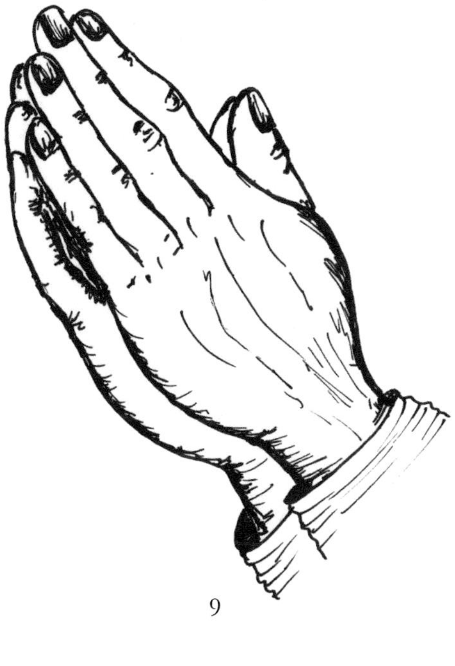

A Grüblarei

Jetzt hot se se scho umgsprocha.
A Autorin in da Vawaundtschoft haum ma nocha.
Va wo wird's des haum?
Wo grotsn do hie, wos deits´n glaum?
A, da Onkl woa a Musikant.
Vielleicht wird's a so bekannt?
Da Cousine Buagamasta, so da Klaung.
Sie trogts in de Gene scho laung.
Do sans beschäftigt de Leit ollewei.
Waun wos neichs kimmt herbei.
I kau eich nua song, jeda lebt sei Lebm.
Wird ned so vü gebm,
de gern putzn und dengan danebm.

Ohne Maskn lebn

Duats des wirkli gebn?
Das ma ohne Maskn kau lebn?
Denk moi noch, ma steht zaum mit so vü Leit.
Es wird grod wer ausgricht heit.
Er hot se ned richti vahoin.
Des wos a sogt und mocht, duad a ned gfoin.
Olle san se eini, koana red dagegn.
Des is mit Maskn lebn.
Ohne Maskn wa eisetzn fia den oan,
dea wos grod ned dabei.
Jeda Mensch hot a guade Seitn ollewei.
Olle diaft ma a Schublod haum in da Gmoa.
De Eiteulung hoaßt: Herzlos, gierig, leiwaund,
feu oda aungaschiert sogoa.
De Maskn trogst daun bis zan Steam.
Lebn ohne Maskn, kenntat des megli wean?
Drum bin i gern im Fosching bei de Nohan dabei.
A moi a aundre Maskn. Auf de gfrei i mi ollewei.

Wos ma ois net soid doan

„Dua net Zunga zoang!“
I heas nu in meine Ohrn.
Dawei is des so wichti, des bewegliche Drum.
Is do da Spiagl va mein Kärpa,
wo ma ollas siacht umadum.
Außastrecka soistas in Oazt.
Mit da Zugaspochtl wirds niedadruckt, wauns net roatzt.
Sie weicht so gern o, weiß es net gwent
des Vierastrecka wehement.
Is jo strickt vabotn woan dahoam.
Nua hoamli hostas deafa doan.
Bin froh, daß i gübt hob oiso kloane.
Denn es gabt sicha a Oparation,
wauns net vieragangt alloane.
Midn Nosnboan, woas des gleiche Desasta ollewei.
Hiatzt is a Erleichtarung bei dera Coronatestarei.
Der Weg is wirkli frei.

Ned gschimpft is globt gmua

I woas Sandwichkind zwischn zwoa Staumhoita.
Vielleicht bin i deswegn hoat im Nehma
und geduidi a im Oita.
Mei Bestimmung ois weibliches Wesn
woan de Kuchl und da Besn.
D´Spuan san scho glegt woan in jungen Joahn.
Drum bin i a Putzfrau woan.
Mei wa i gern mehr Traktor gfoahn!
Des woa fia de Briada vorgseng dahoam.
Nu koane sechs Joahr
geht mei Schuipflicht au sogoar.
Fia mei Frühreifn gibts an triftign Grund.
Geht in oan aufwoschn,
waun ma dreizehn Monat späda auf d´Wöd kummt.
Kindagoartn hob i koan fa innen gseng.
Dafia bin i mehr gschreckt gwen.
Des Lobn des hots duatsmois net so gebm.
Dschuisochan erledign,
dahoam höfa is söbstvaständli gwen.
Heit wird a jeda Pfuatz globt,
wos da Sprößling va sich gibt.
Dea wos se ohne zuaduan sowieso ins Freie begibt.
Wo kamadn do hie in oana Dua?
Ned gschimpft is globt gmua.

Wos mia am Herzn liegt

Des san gaunz vü Sochn zan Glick.
Ois, des wos mia am Herzn liegt.
Mecht oft wissn, fa d´oidn Leit.
Wia stoane woa ea Lebnszeit?
Wiama se van dunkln söwa befreit?
Jo, des intressiert mi bis heit.
Mit aundre se mitgfrein, wei mas üwaroschn grod kau.
Des liegt mia fest am Herzn drau.
Es gibt bei uns im Ortskern drin.
An Menschn mit an kreativn Sinn.
Fian Theatavarein scho gmoint schene Bühnenbüda.
Sie kauns hoit, gwisse Sochan richti aufs Papier zbringa.
Hoit in Groißboch hint de Bienen zaum.
Das mia Michlbäcka an regionaln Honig haum.
Sie erfüht ma hoffantli nu mehrare Auftrogswinsch,
daun hob i a Glick.
Danke, ohne di wa des Buach nie so scheh, liawe Margit.

De Foschingsnoan

Öf Joahr scho hauma net in Masknball vasamt
und oft guade Preise ogramt.
Des is a Streß, glei noch Weihnochtn geht's au.
A Idee haum ma scho.
De wichtigste Person, wos van Nahn an Schimma,
loßt ollas ling und steh und naht imma.
Tog und Nocht koane aundan Gedaunkn im Hirn.
Jeds Deteu soi sitzn oda se uandli biang.
Olle bringan se ei, zwischnduach wird probiert.
Üwa des, wos nu föd, studiert.
De Spaunnung steigt, ma kauns scho erkenna.
Unsa Idee wird imma schena.
Da Obnd kimmt zuwa, troffa wird se bei mia.
Wei i am nähastn hob zu da Masknballdia.
Waun so a Foschingsnoa daun auhot sei Kostüm.
Wühra oafoch nua mehr sei ungestühm.
Unsa Gruppn braucht net vorher an Euck
zan bessa umaz´kemma.
Waunst a Noa bist bleibst a Noa,
und des Gfüh duat uns olle Joahr darenna.

Lauta Noan

Wos ma ned ois scho woan
Fiare Foschingsnoan.
Duatsmois ois Wellnessoase.
Hoiwat nockat, sama bei meina Hausdia auße.
Des Puplikum mit Probepackal
und Bodeperlen beschenkt.
Daß de Jury jo bei da Masknbewertung on uns denkt.
De Simpsons, i woa de Mach.
De Hoar zan mocha a richtiga Gatsch.
Max und Moritz, da Kamin woa dabei wia sase keat.
Wo de Gummistüfen außagschaut, vakeat.
Foabstift hauma vakeapat mit exakt siebn Eckn.
Mia woan ned zan üwaseng, da Jolly dad daschreckn.
Muffins, des woa dreist.
Des Zieharmonikarockal beim Taunzn leicht zreißt.
Gewürze van Soiz, Pfeffa, Zimtstangal und Muskat.
Wauns da Kotany gseng hätt, dea gabt an Rabatt.
I de Chilischote, de schiaffane va unsra Schoar.
Mit schwoarze Stüfen bis za d´Knia sogoar.
Do dradse Taunzhasal üwaroi daune.
Waunst oamoi so schoaf sei deafst, alloane.
Dominostoana mit weiße große Punktn drauf.
D´Frisua woa a schwoarze Dauerwöhnperückn auf.
Aladin mit da beleichtn Wundalaumpn auf d´Fiaß.
Da Floschngeist beim Taunzn mit uns mitschiaßt.
Mitn Ostagros am Kopf, de Blumenwiesn, wos so wichti.
Wo de schenstn Blämal außasprießn so richti.

Alloane gleichst an gaunzn Noan.
Midanaund woama richti schehne Foschingsnoan.

Da Valentinstog

Es hot ma wea zua drong de Gschicht.
I vapocks in a Mundoartgedicht.
Dea besogte Tog is do, wo olle rennan und kafan.
Das bei d´Weiwaleit net de Tränen owalafan.
Es is direkt scho a Muaß, dea Gruaß.
Das a Mau zu d´Blumen oda Siaßigkeitn greifa muaß.
Des Paal is in da gleichn Firma.
Und foahn hi, midn Auto wia imma.
Beim Frühstück hot se nix dau.
Da Valentinstraum is bei ihr davau.
Ois Beifohrarin schaut ma se daun de Gegnd au.
Und de Mundwinkln hängan noch untn davau.
Ma faungt a nix zum Redn au.
Wei mas in dem Moment net kau.
Entteischt is ma bekauntli daun.
Waun ma zeascht a Hoffnung duad haum.
Da vierzahnte Febra, do gfreit ma se gwiss.
Wei draußn jo nu ka Blume is.
Es is z´koit, de Vorfreid am Frühling in jedn drin.
Nua bei dem besogtn Herrn ka Aunzeichn im Sinn.
Im Lauf des Toges kimmt a Lieferung
fia de Dame, de wos an negativn Schwung.
Sie is üwaroscht und gfreid se mehr den jeh.
So a Blumengruaß is net nua in da Fria scheh.
Grett is fia heit, de aufzwungane Gschicht goa ka Frog.
Bis zum näxtn Valentinstog.

Soid wea lesn de Gschicht und se zu de Mauna zöhn.
Deits bitte da Frau an Valentinsgruaß histöhn.

Hechst aunsteckend

Ma muaß amoi kemma so weit.
Das ma is de Chefin va so vü Leit.
Dea Beirinnavarein keat uandli glenkt.
Ned daß ois in Boch owerennt.
Dahoam mochtses bravurös scho so launge Zeit.
Drum is gwöhlt woan va uns volla Freid.
Heit is ia Geburtstog, i dua üwaleng.
Mecht ia a Freid mid a poa Zeun gehbm.
Schreibs zaum schicks o.
Auhean duatse des aso.

Unsa Chefin on voadara Front.
Soid heit wean belohnt.
Mit Üwaroschungen und Sonnenschein.
Soid ihr Ehrntog sein.
Des wichtigste is trotzdem, zan sei gsund.
Denn sunst rennt a so a Tog ned gaunz rund.
Da Fosching, a weng daman nu haum,
do kaun se se heit nu mehr dalaum.
Ihr Franzl wird schaun.

Gfrei mi, daß i hob vafoßt den Text.
Dengma, do wird a Whats app kemma demnäxt.
Klinglt scho, so gach, es is wia vahext.
S´Geburtstogskind hod a an greimtn Text!
Hechst aunsteckend is de Dichtarei.
So klingt da Hannelore ihr Vafossarei.

De Chefin on voadara Front.
Wird heit mit an schen Weda belohnt.
So dad i heite Scheida kliam.
San fa mia de Mugln ned in d´Heh zan kriang.
So dua i mit an Locha.
Scho fleißi meine Kropfa bocha.
Es is jo ned zan traun.
Das wer vorbei duad schaun.
Do wü i wos aufwoatn.
An Kropfa frisch, koan stoahoatn.
Denn nua des Beste.
Wü i fia meine Gäste.

Am liabstn hed i mi zaumpockt.
S´Wossa rinnt ma zaum im Mund.
Koane de de Kropfan so guad kunnt!

Rosnmontog

Des is scho gaunz laung her.
I glaub friara hots nu gehm, mehr Charmeur.
Weas gseng hot, wird grinst haum gaunz vaschmitzt.
In so an klan Deafi was ma, wea auf dem Maxi sitzt.
Mei Oawatstog ois Vakeifarin is aus.
Midn Autobus geht's Richtung noch Haus.
Es hot nu kann L17 gebm.
S´Maxi is mei Foahzeig aufn Berg aufi gwen.
Valossn stehts am Kirchnplotz und woat auf mi.
I brauch heit länga, denn i staun wia nu nie.
Am Packltroga a Rosnstrauß in rot.
Is des a Heiratsauntrog?
A, da Rosnmontog is grod!
Fünf Kilometa mit dem Gedaunkn, wer kunt des sei?
Trotzdem, so a Gfüh is scheh.
Wos Bsundas duad ma fia
wen sei.
Dea Vaehra is ned woan
mei Mau.
Owa i mi nu guad drau
erinnern kau.
Ma denkt oft hin und her.
Ob de Zeit fa friara bessa
wär?
Es lebe hoch a jeda
Charmeur!

Foschingdienstog

A wengl dauts nu au, is des a Freid.
De fünfte Joahreszeit.
Den Foschingskropfn, deits eam ehrn.
Und voroim heit vazehrn.
Unsa Maskn, de ma scho soooo gwent.
Heit kunt mas bemoina vehement.
Desto gräßa dea Noah, dea dahinta vadeckt.
Desto skurrila de Maskn oft drüwagstreckt.
Loßt ses heit nu lusti ausklinga.
Des näxte Joah wird a wieda an Fosching bringa.

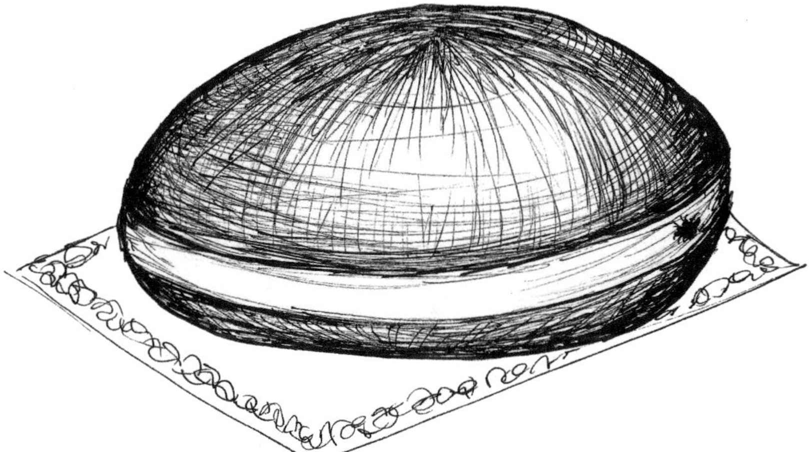

A bsundra Kreizweg

Bin guad aunzogn und
startbereit.
An Kreizweg moch ma heit.
1. Station
San de Büschln Märznbecha
daun.
Göb wia da Sonnenschein.
Mia faungans mid an Büdl ein.
In Blütnköch, hob i einegstopft
a Labkraut.
Sozusogn, se san aufputzt, waun
ma genau schaut.
2. Station
San de lilan Schneerosn daun.
3. Station
Bei an Sitzbankal kemma aun.
Vorher miaßma steign, auf an
großn Stoa.
Bei da Vroni wocklt dea sogoa.
4. Station
Aufn Papa sein Scheidahaufa,
dua i hin und her laufa.
5. Station
A schena Stoa.
Neman mit, mit dem kuntma
wos doa.

6. Station

Jetzt warad de Veronika mit ihrn Schweißtuach startkloar.

Owa s´Sogdiachl kraum i söwa hervor.

7. Station

Jetzt kimmt des Liadl van Frühling, des stimm i au.

Wei i ois vierjährige des scho kau.

8. Station

Anna is mei Naum.

I vasuach mit an Stecka de dian Oachabladln owazhaun.

9. Station

Bei da Kapölln kemma aun.

Mit de kloan Stoa leg i a Kreiz, mit Freid.

Ois Zeichn, fia de Ondocht heit.

10. Station

I mecht nu weida owe ins Toi.

D´Vroni sogt auf goa koan Foi.

11. Station

Veilchen dama vaspeisn, des is unsa Obndmoi.

Glei gehn ma hoam zan Stoi.

12. Station

A Feda va an Vogl, hängt am Großhoim.

De steck ma ei, de kau ma bemoin.

13. Station

Da Papa schiabt midn Foahzeig uns entgegn.

Er sogt: „So weit bist scho laung net fuaht gwen!"

14. Station

D´Vroni befreit mi im Schloß va an bösn Drochn.

In Kreizweg sama gaunga, und sie hot mit mia ois Sonnenschein vü zan lochn.

Es kau ned jeda da Erste sei

Huflattich, Veilchen, Leberblümchen und Blaustern,
griaß eich Gott.
Haum de Käpfal heraußn, obwois nu Minusgrade hot.
Da Bärlauch und d´Schneegläckal umadum.
Da Josefitog nimma weit,
do gibt's de Frühlingsknotnblum.
Buschwindröschen und Sumpfdotterblumen.
Bei de Blia siagst de Bienen summen.
Brunnenkresse strotzt im Boch nehmen Stoa hervor.
Des Schabockskraut bliad scho wieda sogoar.
Da Hendldarm, ois Voglmiere bessa bekaunt
schmeckt noch Kukaruz, des is ollahaund.
Des Lungenkraut mit de zwoa schen Foam.
D´Hosl is vabliat, de Dirndl im schenstn Göb dahoam.
Oana nochn aundan, so hod jeda sei gwisse Zeit.
So is in da Natua, so is bad Leit.

Da heilige Josef

Er woa a Ziehvota, is owa scho gstoam.
A Heiliga is a woan.
Mit seina Maria, noch Ägyptn gflohn.
Er wird gfeiat, ois Schutzpatron.
Sei Waundastob, sei Winklmoß.
De weiße Lilie, ois des sogt uns wos.
Neinzanta Miarz, ob weiblich oda männlich.
Da Josefitog is endlich.
Olle, de haum sein Naum.
Lebts hoch und denkts am Schutzpatron.

Zeitumstöhlung

Im Fruajoahr firi, im Hiabst wieda zruck.
Des mocht an gaunz varruckt.
A Hie und a Her.
Waß des boid amoi wer?
Wias wirtschoftli und gleichzeitig haundsauma wär?
A Wocha brauchst fia d´eiwendige Zeit.
Daß´d wieda bist a uandlichs Leit.
Denan Viechan wird's ned aundascht geh.
De wean des nu länga ned vasteh.
Am spaunendstn is do fost wödweit.
Das gwiße Uhrn va söwa wissn de richtige Zeit.
Um zwa in da Morgnstund.
Nehman de Zaga an Aunlauf und drahn a Rund.
Olle zwoa bleims steh um drei.
Obwois koana aufhoid dabei.
De digitaln dan se do ned so hiat.
Aus dem Zwoara schnö a Dreia wird.
Im Hiabst faung mas wieda ei, de valorne Stund.
Und de Zaga drahn zruck a Rund.
Owa des oane soid uns sei
gloskloar.
Irgendwaun is de Zeit goa.
Sie is, wias is.
Nutzt das ned, is fuaht,
des is gwiß.

Danke

Danke fian letztn Tog im Miaz.
Danke, daß regnt hiatzt.
Danke, daß de Vogal singan heit.
De haum mit dera Feichtn a a Freid.
Scheh kloa wuatats goa,
waun koa Regntropfa owafoilat sogoa.
Den olljährlichn Maiseng
deafat ma aufn Miaz valeng.
Deitsn ned odrahn, den Wossahaun im Firmament.
Lostsn träpfen wehement.
Danke, daß hiatzt regnt.

A Raffarei

In da Nocht um drei
werd i munta wegn ana Schlägerei.
Weih bekauntli ollas stüh, waun da Mensch duad drama.
Doch vor meina Hausdia spült se ob a Drama.
Des Gschrei, es is markant.
Und mia ned gaunz unbekannt.
Nochbars Bärli, a gaunz a schwoarza Koda.
Bereits va vier Kotzn da Voda.
Kämpft gegan Felix midn rodn Föh.
Muaß owa de Flucht ergreifn schnöh.
In dem Moment wird da Aungreifa gräßa und stiaka.
Waun da Bärli kehrt mocht, des duad beim Felix wiaka.
Woahrscheindli is gaunga um a Frau.
I woas es ned genau.
Owa so Kodana san a in da Nocht schlau.
Und bei ana Rafferei woas ma in Ausgaung nia genau.

Turne bis zur Urne

Lila is de Foab.
Sechzg Zentimeta broad.
Fünf Joahr bin i scho vabundn mit ihr.
Fost olle Tog treffan se mia.
Des anmetaochzg launge Drum.
Hot ma scho obvalaungt, so maunchn Schwung.
Van herabschauendn Hund, bis zur Kerzn.
Hoi i Luft durch d´Nosn und gspia maunchmoi a
Schmerzn.
Zwischndrin da Sonnengruaß.
Wei ma den mocha muaß.
Zum Schluß kimmt da Bam.
Ma steht auf an Fuaß und dahoitse kam.
Bis zu anazwanzg Wiedaholungen kau ma trainiern.
I bin bei öf, und dua mi trotzdem ned geniern.
Dehna und strecka.
Erspoat uns in Stecka.
Des soid mei Leitsotz sei.
Bin i ned konsequent, foi i zruck auf drei.
Ziagis durch anahoib Joahr.
Deaf i mi nenna Yogiene sogoar.

Ungwiss

A Garantie, de hätt ma gern irgendwie.
Fia sämtliche Sochn, de ned gwiss san nie.
Wia laung duats d´Ötan und Gschwista nu gehbm?
Des was ma ned, so is Lehbm.
Kimmt eh ka Krebs in unsa Famülie? Kau ma dem entrinna?
A Garantie, de hätt ma gern imma.
De Partnaschoft, hoitses aus? Is richti stoark?
Oi de Aufs und Nieda on jedn Tog, oda weans z´oag?
A Garantie!
Wo muaß i denn do hie?
Und waun is hätt, und es haut trotzdem ned hie.
Wer üwanimmtn daun de Schuid fia mi?
De Klausl hoaßat sicha, nua bis do hie.
Leida ogrennt dei Garantie.

Da Müllpopst

Va dem Titl is nia de Red gwen.
De aundan haum eam den gebm.
Wei er so streng und genau
Den Müll entsorgn kau.
Flott oawat er dahie, owa ned in Akuart.
Va an Papierkorb zum nextn fuart.
Zum Hoppy is woan, de Sortierarei.
An richtign Respekt haum de aundan kriagt dawei.
Es traut se boid neamt söwa wos entsorgn.
Kunta do an Aunschiß kriang, an oargn.
Denn s´Papier keat trennt vom Plastik, des is kloar.
Und Weiß- und Buntglos hot an eigenen Behöta sogoar.
Bio, do braucht koana frogn.
Des dan de Kompostwiama untagrobn.
Da Restmüh, da Restmüh.
Dea is oiwei füz füh.
Ma trogt wos bei zur Wödreinigung.
So in Popst sei Üwazeigung.
Des haum maunch ungläubige nu ned gaunz vastaundn,
daß wichti is, wecha Müll wo duad laundn.

Aus da Sicht ana Spinnarin

Jetzt miasma uns gebm in Ocht.
De neiche, hot sogoar an Scheinweafa mitbrocht.
Mei, kau dea blendn, ma wird gaunz blind.
Vom Staubsaugamotor bloßt außa da Wind.
Des hots bei da Oidn ned gebm.
De is a ned so laung do gwen.
Des guade is, ihrn Oblauf mochts fost oiwei gleich.
Do was ma ungefähr, waun ma ausweicht.
So maunche haums trotzdem vaschloffa,
oda ned darenna kina.
Drum probier mas jetzt midn Singa.
Da Staubsauga täglich wird benutzt.
I ois Owaspinnarin des nutz.
Aug´stimmt wird mei Liad.
Renn gaunz schnö, bin ned miad.
Denn waun i drin in dea Maschin.
Gibts koa Entrinn.
A dutznd Vawaundtschoft is nu unsa Bruad.
Ob des nu laung geht guad?
Mia san scho fleißi beim Oa leng, do gehma uns a Mia.
Denn ohne uns Spinnen, des gabs nu nia.

Ausgsteckt is

Brennt de Latern und siagst an Buschn hänga.
Daun is gwiß, ausgsteckt is, ma deaf einakemma.
Ausgsteckt san a de Hoizpferdln umadum.
A guads Zeichn fia an Einkehrschwung.
De Europastubn hot scho ollahaund dalebt.
Ob Pensionsfeia, Advent, Geburtstog oda d`Musi noch
da Probe se hinbewegt.
A de Autobus san zan erwähna.
Noch ana Hoizkoinschulung geht ma gern zur Most-
buschnschaunk eina.
Des Personal hot oiwei vü zan doa.
Den der Pferdehof wü sein guadn Ruaf ned vadoa.
Is daun amoi a Wengl weniga,
du bist fost da oanzige Gost.
Gfreist di, das´d mit d`Hausleit a wos z´redn host.
So a hoiwada Wirt, des muaßt haum im Bluat.
Denn sunst koana kemma duat.
Mit a bißl an Schmäh und a Gspia fia d`Leit.
Daun is fia olle a schene ausgsteckte Zeit.

D´Schiaffn föd

Des schmeckt fad, so denkt ma hoid.
Und greift zu Pfeffa und Soiz.
Bessa duads zwoa wean.
Owa es duad nu wos einikean.
Waun va voanherein net ollas drin in da Rei`h.
Kauns nimma so guad einigeh.
Denn dea Gschmock kocht se laungsaum eiwendi eini.
De Zunga und s´Hirn reagiern mit: Des dakenn i.
Entweda, d´Schiaffn föd
oda des beste Essn dea Wöd.
So is a mit d´Leit.
Waun wos gföd bei unsra Zeigung, dera gräßtn Erdnfreid.
Is net va voanherein ois dabei.
Föd d´Schiaffn ollewei.

Stoana auf mein Weg

Durch a schnölle Soch grod.
Mei Brühn nua mehr oan Bügl hod.
Durch a blede Pandemie.
Gibts Symtome a fia mi.
Wei i ned kau woartn.
Liegt irgendwo mei JÖ Koartn.
Woahrscheindli kimmt a Nochricht in nexta Zeit.
Ma is jo üwawocht mit so ana Koartn heit.
Kane Probleme, san des auf goa koan Foi.
Aufgobn soins sei fia mi ollemoi.
I dua mi eana stöhln.
Dats owa gern haum wegwöhln.
Aus de Stoana am Weg, soid ma wos schens baun.
I dua auf des amoi vatraun.
Des erste, loß i richtn.
Des nexte, wird se hoffantli boid vaflüchtn.
Und des letzte, so hoff i stoark.
Woat auf mi im Penny-Moakt.

Da Hozattog

S´Weda genauso sche, wia vor siemazwanzg Joah.
De Bam in da schenstn Blia,
vielleicht so wia i ois Braut woa.
Es is kam zan glaum, daß „Jo“song so laung her.
Nua waunst d´eigenen Kinda siagst, glaubst das mehr.
Erwochsane Leit, haum boid d´eigene Famülie im Haus.
Großmuatta und Großvotta sama daun z´Haus.
Des schaut noch boidign Vawöcha aus.
So weit wü i nu goa ned denga heit und i sog:
„Ois guade zan Hozattog!“

Guade Nocht Gschichtn

Bei unsan letztn Kind, es is a Bua,
hot ses oiwei gehm, und er hot gern gheat zua.
Da Pumukl hots mia ois Kind scho audau.
Drum i va eam dazöhn ned gmua kau.
Da Aunfaung woa imma des Liad.
Hurra! Hurra! Da Pumukl wird scheinboar ned miad.
Mit vier fünf Joahr kennt mas nu ned so.
Waun de Mama vielleicht foisch singt do.
Während dem Dazöhn san imma mehr
Lausbuamgschichtn kemma ins Hirn.
Es soid se jo niamois a gleiche Gschicht vairrn.
Kinda san do gaunz genau dabei.
In meina Erinnerung hear i nu de Frog:
„Wo isa, waun a se unsichtboar mocht, dawei?"
Hob oft dazöht von de Sogschoatn.
De danse bei an Schreina hoartn.
Unsa Jingsta sogt, es hod eam gfoin, er waß nu heit.
Noch so launga Zeit.
Da Herr Eder, wia oft hot se der ärgan miaßn.
Hätt den Kerl neamt erfundn, i dadn vamissn.
Im Nochhinein, so denk i amoi.
Haums uns beide vafoigt, de Koboldgschichtn ollemoi.
I pock daun nein Joahr in da Tischlafirma au.
Mei Bua wird Zimmermau.
Mia haum ghobt a Glick.
Denn fias Hoiz hauma beide a Gschick.

Da Maistrich

Mein Gott, kau des peinli sei.
Waun zu oan söwa da Maistrich duad geh.
Es soid jo nu koana wissen va da Gmoa.
Wos ma hoimli duad doa.
Jetzt brauchat ma an Stift, dea im Staund is.
Zum Zuahühn des aufdeckte Geheimnis.
Wos duad des de aundan schean?
Wem ma hod gern.
De Hochzeitsglockn weans nu fria gnua hean.
Bei de Maistrichziaga is da Eifa bsundas groß oiwei.
Nua bei oan söwa soid a hoid geh vorbei.
Fia olle auf da Stroßn a schene Suacharei.
Wo geht dea hi, dea Strich im Mai?

Muttatog

Mutter werden ist nicht schwer.
Mutter sein dagegen sehr.

Zwoa Sätz sogn ollas aus.
So woas a bei mir z´Haus.
Wos fia Stoiz erfühlt di,
waunst host des kloane Leidl in da Haund.
Ma denkt, jetzt hob i gschofft ollahaund.
Ka Auhnung nu va de schloflosn Nächt.
Und de Momente, wo ma oafoch fuahrtrenna mecht.
Da Muttatog soid uns erinnan und mocha kloar.
Das a mit uns wer bsundas geduide woa.
Es daut laung, bis so a Mensch söwa lebn kau.
De Mama is a wichtige Person davau.
A bsundra Tog im Mai.
Muttatog, dea soilat sei oiwei.

Des heilige Wochnend

Freitog Obnd bis Montog Fria.
Des is des heilige Wochnend, kimmt ma fia.
Am Mittwoch kaunst scho hean im Radio
boid is Wochnend do.
Nua mehr zwoa Tog,
bis zan sogenauntn Freitog.
Laung schlofa, Sun ling, essn geh.
Natirli is des a scheh.
Owa nua de Stundn owazbiang,
ohne Freid vaspian?
Do föd da Sinn,
und des aufgeh im Beruf drin.
Do wean net de Leit erwähnt,
wos Wochnenddienst mochn wehement.
A va de Laundwirt ka Red, de koane ocht Stundn haum.
Wei a Kuah de Müli ned zwoa Tog zruck hoidn kaun.
Des heilige Wochnend zwoarafuchzg hauma im Joahr.
Und host bei deina Oawad a Freid,
bist a glicklicha Mensch sogoar.

Humor is de beste Medizin

I steh jetzt mittn im Lebn drin.
Humor is de beste Medizin.
Da Fuchzga, de höfte va hundat Joahr.
I bi scho drüwa sogoar.
Was zan aussuacha auf dera Erdn.
Mechat i kane hundat werdn.
Puifal sortiern va Montog bis Suntog.
S´Auziang scho a richtige Plog.
Midn Rollator ziag i Killometa im eignen Zimma.
Das i ned foi und ollas mithob imma.
Des Sogdiachl zum Owischn fias Nosntropfal.
De Trinkfloschn, s´Handy und s´Nochttopfal.
A kloane Noscharei fia zwischnduarch.
Damit i a wirkli kau hoidn duarch.
Waun i nu kau lesn und schreibm.
Miaßat da Stift und da Zedl a dabei sein.
Meine Ausflüge san Bodewaunen und Stianglift hurra.
Des erweitat mei Blickföd a.
Da trifftigste Grund, frira des Erdntoi zan valossn.
Wa fia meine Nochkommen mehr üwaz´lossn.
A des eigene Kreiz z´trogn bis zan Schluß.
Kuntat a mei Meinung ändan,
und i foah midn friaran Bus.
Das da Humor wirkli is de beste Medizin.
Beweißt uns oft a ödas Puplikum in ihrn
Lebnsgschichtn drin. Dua i wirkli hundat wean.
Gibt's daun scho de Pille zan Steam?

Des liawe Colesterin

Es gibt a guads und a schlechts, des is a Kraumpf.
De zwoa gehm se an uandlichn Kaumpf.
LDL (laungsaum dahie ludln), so kau mas vasteh.
Wos des schlechte Colesterin duad sei.
HDL dagegn.
(Hoch dahie ludln) ,oiso ma kauns va da Weidn seng.
Jetzt kau ma do, midn Essn und Dringa
de zwoa hoibwegs in Eiklaung bringa.
Da Opfe und de Birn haum im Sinn
zan Obaun höfa des schlechte Ding.
Des gschiacht im Darm drin.
Gmocht wirds in da Lewa, des Colesterin.
Midn Bluad schwimmts bis zan Fingaspitzl hin.
Da Zöllasoft senkt des schlechte Viech a.
Aus an Alligator wird daun a kloana Kaliba.
Sechs Tassn Kaffee, treibt den Teife wieda in d´Heh.
Zum Empföhn, da guade oide Füttakaffee
oda an grean Tee.
Daun ludlst wieda mehr in d´Heh.
Ob a guads oda a schlechts, oda wos was i fia Colesterin.
Da Humor is trotzdem de beste Medizin.

Fuchzga Feia

Des Zwoarasiebtzga Joah woa a guads, des is kloar.
Bin jo i produziert woan sogoar.
Bei unsra Chefin is ned so gwen.
Drum kau do a „Frau Dokta" entstehn.
De Allgemeinmedizinarin,
bringts bis zan Fuchzga hin.
Und des feiama heit do herin.
Bei da Lisl Wagner Bacher on da Donau.
Midn Radl hots mi do amoi gschmissn, in da Kurfn zruck
schau, woa do ned so schlau.
Hob seng woin, wo des feine Lokal?
Vielleicht bin i do jo amal?
Neman Raundstoa woa de Laundung on dem Tog.
Jetzt woases wos is, in „Mautan", waun is eich sog.
Ma brauchat jo nua auf so a Fuchzga Feia geh.
Daun waß mas a, wos duad sei.
Vielleicht kimmts a amoi zu mia und schaut,
wo de Autorin is her?
Bitte ned s´Radl nehma, do stiatzt ma so schwer.

Schirmalflug

Ersta Großschnitt olle Joahr.
Des Schirmal fliagt mit sogoar.
Jeda Löwnzaunsaum hot sein eigenen Foischirm drau.
A Liftal Wind, es hebt se o und schwebt davau.
Laund am Großhoim, am Bodn auf oana aundan Blume.
A wundaboare Vamehrung in Summe.
Imma nochn Vorfrühling beschliaßt da Maistock
jetzt kumm i.
Sogoar ois Heupflaunzn vawendns mi.
Auf de Wiesna oa göba Tupf neman aundan bliad.
Des Schauspühl, nua im Aprü und Mai so scheh wird.
Mit wirkli fühl Fantasy.
Erinnan de Blaln aun de Zähnt vo an Löwn irgndwie.
Winsch da do wos.
Waunst aune blost.
So fühl unerfühlte Drahm wirst do ned haum.
De wos on oana Pusteblume hängan draun.
Wauns do so is.
A jeds Schirmal erfühlts irgendwaun gaunz gwiß.
Da große Schirmalflug is boid vorbei.
Zan dalebn wieda im näxtn Mai.

Befundbesprechung

Bitte, Frau Dokta, duamas heit song.
Woarum duad mi mei Kärpa so plong?
Wia kaun denn so a schlechta Befund entsteh?
Des bißl rauka und saufa, des kauns ned sei.
Olle Tog in da Fria, do hoatz i oane au.
Nua so faungt mei Morgn guad au.

Um neine gibt's a Jausnbier, des vagieß i goa nia.
An hoiwadn Tog hob i scho gweackt.
Mei Kärpa wird mit Käskraina und Pommes gstärkt.
Des Dringa nia vagessn, is so wichti fia ois in uns drin.
Zwoa Hoiwe mit Schaum,
i gspia scho dea Tog kriagt an Sinn.

Um drei gibt's imma Kaffee, Frau Dokta, dass is sog.
Golatschn gibt's imma dazua am Naumetog.
Mei, woan mia heit fleißi,
is des ned a Grund zan belohna?
Olle sama zan Kebapstandl gaunga.

Des Cola is guad, wauns a nu so schwoarz.
Frau Dokta, muaß jetzt nu song,
dass maunchmoi mein Bauch so roatzt.
Es druckt mi so, waun i schnö schlick.
Dawei hot mei Kärpa jo mit mia a Glick.

Aundre kriang gaunzn Tog nix eine in Mong.
Frau Dokta, wos duastn denan song?
Is do so wichti, de Vasoargung unsra Organe.
De oawadn jo ned va allane.
Vielleicht, Frau Dokta, kaunst ma numoi Bluat onehma.
Und i vasprichs, näxte Wochn dua i wieda
zur Befundbesprechung kemma.

Unfreiwillige Turnübung

Eigantli hob is imma schau
des „Gen“, mia rennt de Zeit davau.
Des is da Grund, daß i bei oin a weng schnölla drau bin
sunst is jo mei kostboare Zeit wirkli dahin.
Des Virus Fensta putzn hot mi heit dawischt.
D´Eufori, d´Freid, da Eifa, ois is auftischt.
Mia gschlaunts so richti, do schoit da Kärpa auf prässiern.
Nimm ma ned amoi Zeit van Kölla an Küwe z´hoin,
kunt jo Zeit valiern.
Greif noch ana Tupperschißl ana großn.
Spühmittel, an Wettex und nu s´Wossa eilossn.
Bei d´Kuchlfensta kuntn d´Krah se jetzt dasteßn
im Moment.
So blitzblaunk is ois, ma de Glosscheim net dakennt.
Des letzte Moi am Balkon hoffantli i wisch
den göbn Blütnstaub vom Sessl und vom Tisch.
Oa Stund is umi gaunga, de Sun nimmt ihrn Lauf.
Oft scheints auf de Fensta so grausli drauf.
Das ma daun siacht de Stroafn van Putzn.
Natirli kau des de gaunze Freid z´ruckstutzn.
Mit oizwoa Händ hoid i de Tupperschißl zu meina Brust.
Während i fü z´schnö zruck in de Kuchl husch.
Mei Blick gricht aufs Glos, ob is siach de Schlian.
De Fiaß va mia miaßn grod
an extrem weidn Schriat kriang.
Hob ned bedocht, daß da Gschiaspüla offn is.
Und ma dadurch ned so schoaf um D`eckn is.

An hoibn Lita hob i vaschütt
mit mein reflexoartign Schriat.
Des kimmt van ois gleichzeitig mocha woin,
wos des im Oita nu wird?
Brecha kunsta ois mit schensta Mania.
Jetzt dring i owa an Kaffee und kimm wieda zu mia.

Mei Oibtraum

Hob i mi zweng entspaunt vorm schlofn geh?
Denn daun kau so a Oibtraum entsteh.
Wenige Minutn bis zu ana hoibn Stund, kau sowos daun.
Fia mi is grod so,
ois dadin scho laung kenna und eam traun.
A aundra Mau liegt nebn mia gaunz entspaunt.
Wia waun dea scho imma do waunt.
I erschreck gaunz intensiv, wei meina mocht auf de Dia.
Er sogt goa nix und schaut zu mia.
Wia kau ma do so ruawi bleim?
Mia duads grod in letztn Schwitz hertreim.
Jetzt hätt de Demenz an Sinn.
Ma wißat des goa ned, daß a aundra liegt drin.
Obwoi, es woa a Kerl zan herzoang ollemoi.
Mei neicha Bettgenosse, auf jedn Foi.
Doch in flagranti erwischt, wos sogst do?
A Sternenerklärer oda Traumdeita oda so?
Es is vieri in da Fria.
Mei Mau liegt nebn mia.
A Oibtraum woa des irgendwia.
Bese Dämonen haum den gschickt zu mia.
So richti munta woa i um viere nu nia.

Liabt mi, liabt mi ned

Kau „de“ Ungwißheit gwöhn!
Wuascht, ob Frau ob Mau. Wiama drau is
„de“ Auntwoart duad föhn.
Auf de Wiesna siacht mas nu etlix moi sprießn.
D´Magrital, fia des Geheimnis zan Liftn
wean Blüttnbladln ogriess`n.
Liabt mi, liabt mi ned.
Waun dei Magrital schlecht ausgeht.
Nimm glei des Nexte, gib ned auf.
Amoi muaß do mit „liabt mi“ hean auf.
Soids mit de Liebesblumen ned kloppn fia di.
Nimms Gänseblümchen und moch weida irgendwie.
Scho alloane do entwicklst de Geduid,
dest brauchst im Lebn.
Das endli de Auntwoart, de Bestättigung duad gebn.
Er oda sie liabt mi.
Wos schenas gibts nie.
De Blüttnbladln wissns aunscheinend irgendwie.

Mei Spiaglbüd

I loch eine und de mia entgegn.
Hob grod a neiche Foitn gseng.
Jetzt geht mei Grinsn zruck.
Das se de Lochfoitn ned z´füh einedruckt.
Ament duad se se nimma glättn.
Und de bleibt ma, mei neiche Foitn.
Es wa jo a Erfoahrungsmerkmoi.
Des zoagt, daß i scho länga do im Toi.
Unsan Zorn, de Wut, unsa Unglikli sei
dama guad vastecka.
Owa va so ana kloan Foitn daschrecka.
De gaunz eiwendign Foitn san schwa zan seng.
Nua waun ma de Keapasproch kennt, a weng.
Mei schlimmstes Spiaglbüd, woa a Tischal wos ned hoch.
Von obn schau i drauf und wisch drüwa grod.
Mei Kinn, oa Foitn noch da aundan.
Unmegli´ kau des Spiaglbüd mia kean,
des keat wen aundan.

Dei Schutzengl

Dei Handy leit, liawa Mau.
Dei Schutzengl wa drau.
Dei Autoradio, vü z´laut in dem Moment.
Dei Schutzengl se mit dem modernen Zeig net auskennt.
Dei Gaspedoi, du stehst zfest drauf mit dein Fuaß.
Dei Schutzengl se druntaquetschn muaß.
Dei Lebn is heit in Gefoahr, du merkst das kaum.
Dei Schutzengl woas, du bist z´schnö draun.
Dei Tog, es is so bestimmt.
Dei Schutzengl di fest in seine Händ nimmt.
Dei Auto, jetzt liegts do in Scherm.
Dei Schutzengl bewoart die vorm Sterm.
Dei Lebn, es is kostboar, lean wos drauß.
Dei Schutzengl geht jedn Tog mit dir ei und aus.
Dei Blick, loßn maunchmoi gricht sei
auf de Kreiza nebm da Stroßn.
Dei Erfoahrung soid di richti daunkboar wean lossn.
Dei neichs Auto, duan eini nimm a mit.
Dei Schutzengl wüh bei dir sei auf Schritt und Tritt.

Morgnmensch

Fria au.
Gaunzn Tog varau.
Des heatse guad au.
Owa z´Mittog faungt scho de Miadn au.
Eh logisch, hob jo scho siebn Stundn wos dau.
Nochmittog gehts daun nua mehr hoiwat so schnö.
Denn i brauch boid in viertn Kaffee.
Dea wos bis am zehne Vormittog pennt.
Den des Mittogsdiaf nia darennt.
Bis dea amoi wirkli woch.
Is eh z´Mittog.
In d´Nocht eini, do hoit da daun au.
Er hot jo nu ned so vü dau.
Obs wirkli gsund, wauns oiwei wird spät?
So a Nochteun heat de Vogal hoit in da Fria ned.
A Beirin woid i hoid nia wean.
Obwoi da Morgnmensch, dat eh dazua kean.
Fria au.
Gaunzn Tog varau.
Koana kau wos dafia.
Des wird bestimmt bei deina Aunkunft auf Erdn hier.
Host des Liacht dea Wöd in da Nocht erblickn deafa.
Wirst des midn Morgnmensch nia begreifa.

Wos do de Leit song dadn

Fa Baby au
hängan de Glaubnssätz bei uns drau.
I bin va da Heh.
In Nochbarn sei Haus siacht ma grod nu scheh.
Fia de Ruah und des stühle Großwean dazua
bin i daunkboar, i brauch ned in Lärm in oana Dua.
D´Liab hot mi daun am Moarktplotz vaschlong.
Neman Wirtshaus, des Zentrum vom Ort sozusogn.
Aloane de Kirchnglockn, daß leit olle Viertlstund am Tog,
hob i gwena miaßn. Am Aunfaung woas a Plog.
Da Briaftroga woa da oanzige oft,
denn ma gseng am Berg hot do.
Hiatzt rennan Kirchaleit, Waundara
und Ortsbewohna auf und o.
So weit kinan d´Glaubnssätz geh, des mocht wos in dir.
Das i Vorhaung aufmocha gaunga bi,
am Sunda um sieme in da Fria.
Woit jo ned, daß glaum va mia
de Feule schloft so laung in da Fria.
Beim Fensta putzn, i was nu genau,
hob i ma a schens Gwaund auglegt zur Schau.
Heit bin i so weit, daß ma wuascht is,
wos dengan de Leit im Ort.
Des hot laung reifn miaßn, owa i hobs dawoat.
Koifn hot a sicha dazua da Umzug ins neiche Haus.
Denn va de Todn am Friedhof, schaut koana,
wos i auhob und waun i steh auf.

Beim Fraunoazt

Bin zfria au,
wei i den Streß ned leidn kau.
Weggschickt wiri, fia a hoibe Stund heit.
Beim Fraunoazt braucht hoid ois sei Zeit.
Es foid mei Naum.
Jetzt bin i zan auschaun.
Drei Joahr, woa scho laung ned do.
Is ois in Ordnung? I sog jo.
Mei Oazt, er is fündig woan.
Des mochma glei, des geht in oan.
In dem Moment, wa i gern a männliches Wesn.
Denn in dem Raum, wa i nia gwesn.
An Schleimhautpolyp,
so wos hob i üwahaupt nu nia gheat.
I hoff, dea opariert jetzt ned vakehrt.
Belohna woid i mi heit midn Hallnbod.
Sei letzta Sotz, kan Geschlechtsvakehr, ka Voibod.
Mei Togesplanung jetzt is durchanaund kemma.
Wos wa do erst, waun an da Krebs duad darenna?
Zan Schwimma kaun i morgn wieda kemma.
Und de Stoßzeitn im Vakehr,
wiri a nu a boa moi darenna.

Flüßiga Sonnenschein

Wia dans oft jamman und klong de Leit.
Üwa des Weda heit.
Dea oane mechts woam, dem aundan is z´has.
Dea nexte mecht mahn, dawei regnts, so a Schaß.
D´Frau Mayer hot Urlaub, wühl se erhoin.
Des Weda duat ia goa net gfoin.
Da Wind blost mit neinzg kmh.
Wia scheh, wauns windstühl wa.
Fost a Monat net grengt, in da Erd siagst de Spring.
Sogoa da Regnwuam vadrickat do drin.
Da Hoizknecht mecht umschneidn de Bam.
Waun gfreats amoi, wann?
Va zwoa Seitn kau ma ois seng.
Ins Guade umwaundln, daß d´Hoffnung kimmt aweng.
Duats moang renga, vageßts ned mein Reim.
Es is oafoch flüßiga Sonnenschein.

S´Museum auf da Gümpe – Insl

Waun dea Ort durch mei Buach wird wödbekaunt.
Nix schenas gabs fia unsa Michlbochalaund.
Wia entsteht so a Naum?
Nirgends zan findn auf ana Laundkoartn daun.
An Auntrog weama stöhn.
Is jo nu ned bei de neun Schätze neun Plätze gwen.
Seßhoft woa do a alloa stehenda Mau.
In Schriftsproch und Mundoart er a dichtn kau.
Wegn dem Alane sei, so glaub i, is gwen.
Duad a Äpfen vafuadan, daß a d´Vogal kau seng.
Nua Gümpen san kemma, und de in Schoarn.
Somit woa de Gümpe-Insl geborn.
Üwa a Bruckn zan befoahn.
Mit an intresanntn Museum wiedabelebt woan.
Mit vü Liebe zum Deteu.
Denn de Sochn wean scho nimma wirkli braucht a Weu.
Doch soid des Black out wirkli kemma.
Warad dea Fleichwoif, d´Nuß und Mohnreib zan nehma.
D´Messa kriang a Schneid midn Schleifstoa,
dea se im Wossa draht.
D´Nahmaschin betreibst mit d´Fias,
und es wird scho gnaht.
Wüßt dei Wäsch woschn, ma wirds vü länga trong.
D´Woschmaschin, gleicht ana Kugl,
fia de schnön Umdrehungen kaunst di plong.

Da Hoizpreis is gstiegn,de Lösung gibts do.
An Aufsotzheard mit ana mini Hatz,
do nehman d´Meta o.
Danebn liegt a Kugl mit Blumenlächa und laungem Stühl.
Fian Kaffee zum söwa Röstn, waun ma an wühl.
Wei jo a da Bauch moi weh doa kau.
Liegt do da Thermophor, dea is scho paßt au.
Spurn va an Menschn, a de gibts do herin.
Erinnerung is va dem Museum da Sinn.
Sitzt doch de Tant, wos woan is hundatsiebn Joahr.
Im Puppnhaus und strickt sogoar.
A Künstlarin va Kärntn hots noch an Büdl gformt,
so wia sie.
Zu Lebzeitn hot ses nu gseng und gsogt: „Des bin jo i!“
Waun ma woa auf da Gümpe-Insl im Museum visavis.
Vagißt ma de Schätze nie.

Da Owezarra

Den gibt's in jeda Klass, auf jedn Foi.
In jedn Joahrgaung ollemoi.
Oawatst in ana Partie.
Passt dea Owezarra meistns ned hie.
Denn eam föd de Energie.
Seit kurzem bin owa a i gscheit wia nu nie.
Fehrnsehn duad büdn.
Zang grod an Beitrog va de Hoizknecht de wüdn.
Ois händisch gmocht mit vü Plog.
Se haum ghopt a rießn Zugsog.
Da Bamstaum etla Meta in da Heh.
Das dea Owezarra mit seina Zugsog
guad drunta kau steh.
A Berufsbezeichnung va frira sozusogn.
So ana hot se miaßn richti plogn.
De Bedeitung va dem Wort hot se gaunz vaschobn.
Bei uns is da Owezarra zan nix doa erzogn.
Waun wieda amoi des Wort foid.
Denkts auf d´Hoizknecht im Woid.

Hüfts ned, so schods ned, des Gebet

Du Bluad in meine Adan drin.
Rinn nu laung so guad dahin.
Schwemm ois auße, des da ned gfoit.
Das i mi nu laung do dahoid.
Gib ma an Stich, waun i wos Foisches nimm zu mia.
Des is daun ned da Ischias,
sondan de Rückmödung va dia.
I vasprichs, geh oiwei spendn mein Adansoft.
Bin a froh, wauns mia oan gehm, waun mi meina valoßt.
S´Ohnehma is gratis inklutiert.
Weil ma jo an hoibn Kilo valiert.
Geht ma daun nu drei moi aufs Klo.
Is boid va an söwa nimma vü do.
Du Bluad in meine Adan drin.
Rinn nu laung so guad dahin.
Dua in Kopf ned vagessn, vasoarg a denn.
Sunst bin i boid nimma so schen.
De Zecha und Finga, de zwoanzg Dinga.
Brauchan a de Kroft, duas eana bringa.
Du Bluad in meine Adan drin.
Rinn nu laung so guad dahin.
Und waun wirkli des System vastopft und vaklumpt.
Da sichre Tot daun kummt.

D´Einsaumkeit

Mei Gspia sogts in mia.
I wa jetzt gern bei dia.
Des aloa sei duad mi gwön.
Du duast ma grod richti föhn.
Zu zweit is hoid ned so stüh.
Meine Gedaunkn dadn grasn ned so füh.
Der Fehrnseha, des ochtl Wei und mia foilat nu etlix ei.
Kau di ned ersetzn, des wird nia sei.
Noch sooo launga Zeit und woas ned oiwei a Freid.
Vamißt ma se gegnseiti, hauma a scho oft dazöht d´Leit.
So is am Aunfong bei de valiabtn Leit.
So solats sei in da Ehezeit.
D´Einsaumkeit
Kennt a jeds Leit.

Scheh saufa

Beim Zaumrama duad des ned geh.
Denn sauf i, is trotzdem ned scheh.
A, do is jo da „ Moment“ gmoant, wo ois wird schena.
Aun des kau ma se leicht gwena.
Wei des Blickföd eigschränkt wird.
Daher des Betrochtungsobjekt schena bliad.
Wia Suhnbrühn mit Foabeffekt.
Aufgsetzt, duachigschaut, und des Schene geht nimma weg.
Redst oiwei mehr und schnölla.
Wird des zu betrochtende imma hölla.
Des „scheh saufa“, hoffantli nimmt des ned des Außmoß au.
Das ma daun ohne, ned scheh sei kau.
Des Prost und des Hoch lebn soid ma imma hean.
Owa de Leit soin do ned va lauta Scheh sei, kitschig wean.

Unsa Lausbua

Er woa ungefähr drei, vier Joahr.
A trotzig, keat zua Entwicklung, kloar.
Sei Oma, de hots eam sicha vagehbm.
Sie duad leida nimma lehbm.
Mia ois Mutta, hots efta den Vorwuarf gmocht.
Das i z`streng bin zan Buam,
vielleicht hoda, wiar as gheat hot, glocht?
Irgendwaun, es woa a schena Tog.
Da Sprößling im Hof mit Hoizsteckal gspühlt hot.
De Oma is gern im Gartl und in da Sun.
Sie hot imma wos z`tun.
Des Enkal mecht va ia wos haum,
i dua mi nimma drau erinnan.
De Oma erlaubts eam ned, sie duadn drau hindan.
Dea kloane Zwerg in sein Zorn wird gräßa und stiaka.
Bei da Großmuatta duad de Aungst wiaka.
Rennt, weiß ned gern streng, vom Enkal davau.
Dea Lausbua mit Hoizsteckal hintn noch und greift au.
Sie vasperrt se im Bod, jetzt is gschitzt.
Mei Bua hod a haufa Spöhn in da Haut, a jeda guad sitzt.
Da Operateur, de Mama muaß jetzt her.
Mitleid hob i mit mein Lausbua nimma mehr.
Zan Leana woa drauß
ob und zua streng sei, des hoit a jeda Lausbua aus.

Dea fruchtboare Bodn

Scho wieda duad oane geh!
Do hoitse neahmt laung.
Des „Gred“ duad im Raum steh.
Es gibt a Tankstöh visavis.
Ois Augstöhde mochstas mid, irgendwie.
Bedienung wird richti groß nu gschriem.
A Transportuntanehmen integriert,
des hot ghobt an Sinn.
D´Schula, d´Oawata, olle woins a frische Jausn haum.
Wa da Bäck ned fria drau, gangat des kaum.
Da Nochdeu va so an klan Gschäft is,
daß ma kane Kollegn hot, nua Chefleit des is fies.
Mit wem duastn do bled redn?
Bleim nua de Kundschoftn, de on da Thecke stehn.
An Imbiss hots duatsmois nu ned gebm.
Hot jo da Plotz gföd,
und de Bedienung wa z´schleißi gwen.
Denn nua mit ana Lebnsmittlvakeifarin?
De hoit se daun wirkli ned laung do herin.
Host jo ned amoi vaschnaufa kina.
Zwischn tankn, eirama, Wuarschtsemmen mocha,
wos zur Kassa bringa.
Des bled Redn is do nu goar ned dabei.
Grod sogt wer zu mir: „Scho wieda wer nei.“
Jo, zruck zum Ursprung woan meine Wort.
Woa jo eh in meina Lehrzeit fort.
Jetzt probier is in mein Heimatort amoi.

Hob jo ned weit ins Toi.
„Woaßt, dea Bodn fruchtboar soid dea sei“,
klärt mi de Kundschoft auf!
„Oiso pass auf!“
Baunhof vasteh i nua.
Da näxte sogt: „Drei moi mit Extra gmua“.
Ma bemüht se ma duad.
Is jo de Mühobfuahr, de muaß wieda fuat.
Heit is ma zan Lochn und es is völlig einalei.
I woa de Numma drei.

Des Opfa

A Opfa bringa is ned so leicht.
Se ois Opfa fühln dagegn, schnö erreicht.
Fühlst di oam und duasta load.
Host des Opfastadium daroacht.
Is da Chef oda s´eigene Weib,
de de zan Opfa mochn heit?
Odas Weda loßt in Regn owaprassln.
So duads dein Tog sauwa vamassln.
Oda duaste söwa erhebn
und üwa de aundan hinwegfegn?
Daun bist du da Bösewicht.
Dea herrschend üwa a Opfa spricht.
Denk on an Opfastock am heilign Ort.
Wiavü Geduid braucht dea in an fort,
wauna wieda amoi auf a Kloagöd woat.

Votatog

Wos mocht an richtign Vota aus?
Vorbüd sei? Da Herr im Haus?
Erlebt ma des Vota werdn mid, so wias heit übli is.
Is ma sicha mehr üwawötigt ois frira von da Geburt,
de imma nu a Wunda is.
Stroit dir dei eigenes Kind daun entgegn
und is a oft gnua weinali gwen.
Des Vota sei muaß ma oafoch dalebn.
Hot da Vota? Mecht da Vota? Is des scho fremd.
Heit wiada Daddy, Papa, Vati gnennt.
Ma hod nua oan in sein Lehbm.
Es duad koa Reserve gehbm.
Da zweite Sunda im Juni ollewei.
Bringt uns den Votatog herbei.
Daman ehrn, dengma noch.
Ohne an Vota, is a großes Loch.

Des hätt an Sinn

Wos ned ois scho kemma is von da großn Wöd.
I bin da Meinung, daß oans nu föd.
De Schneckn, i siach ned wirkli den Sinn.
Bei oan Viech des nu ned do, sacht i oan drin.
Des Mistkübl Hendl, „a bin chicken“ gnaunt.
Rennt in Australien umanaund.
Wa des a nitzliche Soch fia unsan Dreck.
So a Hendl mochat des weg.
Midn laungen Schnowe glengts eine
in jedn Obfoieima sofuart.
Weiß jo a Aasfressa is, wuat nix mehr stingat duat.
Ihre Leckabissn wan des daun glei, waun se se umschaut.
Kunt a zum Trainiern sei,
daß glei Plastik und Restmüh ausanaund haut.
Ihre Nochkommen schwanzln hintaher.
Den Brantner brauchat ma daun
vielleicht so oft nimma mehr.
A Wossa miaßat ma richtn vielleicht glei mehr.
Das ses ned so vamissn, des Meer.
Im Internet erfoahr i drüwa mehr.
Grod les i, daß a Gfoahr fia unsre Vogloartn wär.
Drum foids ma jetzt nimma schwa.
I ram de Mistküwen do söwa la.
Wei des daun eigantli sinnvolla wa.

A gschickta Mau

Wos is drau,
on an gschicktn Mau?
Koane zwoa „Linkn“.
De braucht a ned amoi zan Winkn.
Is wos hie im Haus.
Da gschickte Mau kennt se aus.
Er muaß ned oiwei a Firma hoin.
Na er muaß nua woin.
Kennt s´gaunze Werkzeig, hot fost ois daham.
A gschickta Mau hot an Plan.
Mit Zoin duad a se ned schwa.
Denn jeds Prozent a Gewinn wa.
Da Nochdeu va so an Mau.
Er is oiwei davau.
Olle aundan kinan eam so guad braucha,
wei er hod so a Gschick.
Söwa host glaubt, du host mit eam a Glick.
Is wos hie, geht wos ei.
Gibt da daun dir de Schuid oiwei.
Er is jo nia dahoam, wia kauns sunst sei.
Des woa wieda amoi in gschicktn Mau sei Weih.

Auf, du oide Kraxn

I woas nimma, wia laung i scho geh zu Ihr?
On an Dienstog druck i da Anni ihr Dia.
Es is ned oft da Foi, owa mia gibts an Stich.
Waun is im Bett oiso auzogane lieng siech.
Hoit de Frau nu Luft? I muaß mi üwazeign.
Denn des wird mit ochtaneinzg Joahr ned oiwei so sein.
Jo es hebt se de Brust, de Augn schlogts auf.
„Bin so schwindli heit“, es is a Grauß.
Mit Brühn und Lupn mochts nu Stickarein.
Zauwat auf de Häfal, wos daun brennt wean,
schene Molarein.
Heit hots an schlechtn Tog, weh dan ihre Haxn.
Zan Motiviern sogts grod laut: „Auf du oide Kraxn“.
I bin grod nebnbei, loch und sog zu ihr.
Anni, des wird a bsundre Gschicht,
daß mas ned vagißt „Nia“.
Es is ned zan glaubm.
Des ödaste Gemeindemitglied a Teblett duat haum.
Jedn Tog vabundn, daß ses kau seng.
Ihre Erbn, und de a wißn, de Anni duats nu gebn.
„Auf du oide Kraxn!“, waun des hüft ollezeit.
Moch i des a aso ob heit.

Delikatess oda Zerstörungsstreß?

A jungs, wertvois, vierbeinigs Tier
hot so wia mia, sei Bestimmung hier.
Vor kurzm woas beim Hundefrisea, daß ihr ned so haß.
Jetzt is zau dia, mit an dickn Gwastl am Schwaf.
De Leni nutzt aus den bsundren Moment.
Befind se scho in Nochbars Goartn,
wo de Marülln reifn wehement.
Do gibts an niadrign Ost, dea vadraht und aufgsprunga is.
Mit da Motorsog wa des a oafocha Schnitt gaunz gwiss.
Da Hündin ihre Zähnt miaßn gschärft wean.
Und koana soid jetzt stean.
D´Marülln haum scho a Foab, ma gfreit se auf de Frucht.
Vielleicht schmeckt s´Hoiz a danoch,
oda d´Leni wos zan zreißn sucht?
So wia bei de Bodschlapfn im Haus drinnen.
Weh de lingan um, bringts dea Vierbeina um.
Do gibt's koa Entrinnen.
Mit Ihre Zähnt vasuachts grod de Rindn,
de se läßt owazkriang.
De Fiaß san dagegn gspreizt, des muaß do hiekriang.
Mit ihra Geduid und Kroft hots des Zühl erreicht
und stroit.
Jetzt erlegt ses wie a Beute, nua is fleischlos hoit.
De Pfiff nimmts woa van Frauerl,
de de Leni scho vamißt.
Beißt owa weida, is jo nu laung des Drum.
Daut nu bis fiati is.

Des schlechte Gwissn oda guad erzogn? Ma was es ned.
De Besitzarin pfeift weida,
und des Haustier mit dem Hoizstickl ham geht.
A Delikatess und sogoar söwa erlegt.
S´Harz, Bitterstoffe und Vitamine aus Nochbars Goartn,
gsinda geht's goa ned.

Es spült se ois im Kopf o

Is ned so?
Es spült se ois im Kopf o.
Wia kuntat des sunst sei?
Mei Mau jammat üwa d´Knia, weiß weh tan, glei oi zwei.
Des Radlfoahn is a runde Bewegung fia de Knia.
De gräßtn Gelenke im Kärpa, weh doa soilatns hoid nia.
Den Ybbstaler Radlweg versuach ma zan owafoahn.
A aufglossane Bauntrassn, oiso hübsch grod dahie, ma
braucht ned Kroft spoan.
De meistn san elektrisch untawegs zur Zeit.
Do mochts a mit üwa 140 Kila sogoar a Freid.
Stoiz, daß ma daun spuartli woa.
Kau ma bei jeda Labstöh eikehrn sogoa.
Unsa Streckn geht boid z´End.
Kimmt daher so a bsundra Moment.
Mia wean üwahoit va ana schwoarzhaarign
spuartlichn Dame.
Sie besitzt kan Akku, na hot kane Hüfn, wirkli kane.
Jetzt is mein Mau eigfoahn sei Kroft.
Er gibt Gas und tritt mit sein gaunzn Soft.
So gschwind wia sie.
Radlda hiatzt dahie.
Aufamoi is da Kniaschmerz beteibt.
I kimm kam nochi, schau wiara treibt.
Mia kimmt de gloreiche Idee. Soid i a moi fäabm?
Und vielleicht so gaunz schwoarz wean?
Kimmt do so guad au bei de oidan Herrn.

I schau ma des mit Obstaund au und deng ma so.
Es spült se do ois im Kopf o, oda do aundascht wo?

De gschenkte Foahrt

Zum Fuchzga kriagt mei Mau a nettes Gschenk.
Ma steht im Korb und hot a Aungst a weng.
I hob mas söwa finanziert.
Do is des Üwalebn mehr garantiert.
Da Wind und de Thermik miaßn stimma.
Daun hod da Pilot ollas unta Kontrolle imma.
Mei Mau, ned da geduidigste Mensch auf Erdn,
frogt: „Waun duatsn hiatzt amoi wos werdn“?
Ois hod sei Zeit.
Heit is so weit.
Drei Mauna und oa Frau, am Nochmittog
blosn des Gas eine, und der Ballon steht grod.
Mei Aungst wüh i wegfrogn und sog: „Wia oft seitsn scho gfoahn“?
De kecke Babsi sogt: „Des wa des dritte Moi daun wo-an“.
Zu Sechst im Korb, er hebtse scho in d´Heh.
Mein Gott is unsa Wöd va obn scheh.
Foahn sogoar üwad Gegnd, de ma kennan.
De Bam so kloa, wia waun Aumasn rennan.
Reglmäßi zischt des Gas eine in Ballon.
Das ma uns guad hoidn do herom.
Des Laundn was i ned, wia des is.
Owa owekemma is nu jeda, wia is nu ned gwiß.
A Hoch auf unsan Pilot.
Mia woan in koana Situation in Not.
Üwaroschn duad uns jetzt im Moment

de Polizei, de ma glei dakennt.
Es hätt a Info gehm, von an Passantn.
Das dea Ballon ned guad kau landn.
Von da Weidn, so woa de Illusion.
Wia waun dea am Woidraund hängt draun.
Gott sei Daunk woas ned da Foi.
I foahrat sofuahrt nuamoi.

Unsa Singkreis

Vüle Joahre wird untairdisch probt.
Wei se do a jeda Sänga austobt.
Ob Tenor oda Bass.
A Schnapsal vorher, is fia d´Stimmbandln was.
Se kriang a uandliche Schmia.
Aungebli singt daun koana fia.
Dem „Varein“ kau ma beitretn.
Host an Rundn, kriagt ma an Naumensstui an nettn.
Des Adventsinga is bei uns a Renna.
Do kemman so vü Leit, wia södn in d´Kircha eina.
Richti im Griff hot des da Chorleita.
Was jo jeda, wos a doa soid, wauna mocht an Deita.
Loßts eich mitreißn, wuascht bei wechn Gsaung.
Bedenkts, de probn dafia laung.
Ohne unsan Singkreis was ned so a wundaboara Klaung.
Se begleitn a Hochzeit, genauso wia in letztn Gaung.
Im Kreis is Singa wos wundaboars.
Da Michlbäcka Singkreis woas.

D´Fantasy spüht varruckt

Gaunz im Stühn foid des Wort „Thermomix“.
Und i vasteh davau nix.
Bei so an Foi, wo ma ned is informiert.
Frog i ned glei noch gaunz ungeniert.
Na i loß weidaredn.
Wird scho amoi a Lösung entstehn.
Heit gibt’s koane fia mi.
Drum spült jetzt varruckt mei Fantasy.
Wer mi bessa kennt, was das a Schöhm steckt in mia.
Des kau nua a Liebesspühzeig sei, kimmt ma fia.
Wird hoid wieda wos kemma sei, am Moarkt.
De Liebeshungrign kean jo a vasoargt.
Intressant muaß des scho sei, des fia mi unbekaunte Ding.
Denn heit redns scho wieda drüwa do herin.
I kriag de Bestätigung wieda amoi serviert.
Das de Fantasy oft bessa is, ois wia des Lebn jemois wird.
Zan Kocha und Bocha keat des,
wo aungebli fü Technologie drin steckt.
Vazeihts mas, i hed wos gaunz aundas damit erlebt.
Daunkboar bin i trotzdem, fia mei varruckte Fantasy.
Denn sie hot mi scho oft, zan Locha brocht irgendwie.

De Fedlfuahr

Mit oana is ned gmua.
Beim Fedln foahst in oana Dua.
Ziagst aus ana Wohnung aus.
Wirst seßhoft im neichn Haus.
Zagt se beim Fedln boid a End.
Außa, du host scho zwa Kinda on deine Händ.
Daun is Socha nu vüh mehr.
Ma trennt se jo so schwer.
De Kastln kean zlegt, s`gaunze Gschirr dama braucha.
D´Haundtiacha, s´Gwaund, d´Feiazeig zan raucha.
D´Spuartgeräte und Biacha, wo steht gschriem.
Wia ma doa soid, daß ma bleibt dinn.
D´Blumenstäck, d´Vorrotssochan und d´Schuah.
Des Fedln is a Tortuar.
Ma hot a Freid, de Wohnung is la, es höllat do herin.
De Spinnen san durchanaund, ois so höll im Raum drin.
Erfoigreich ogschlossn de Fedlfuahr.
Jetzt brauchat ma hoid wem, dea eirahmt in ona Dua.
Wer scho amoi gfedlt, dea woas des gaunz gwiss.
Wos a richtige Fedlfuahr is.

(Fedlfuahr = Umsiedlungsfahrt)

Des Guggloch

Beim Gugga hot da Waundara oda Jaga an guadn Bick.
Das a des zum Betrochtende a wirkli guad siecht.
Beim Schlisslloch durchigugga, des is aundast zan vasteh.
Do duats um d´Neigier oda d´Eifasucht geh.
Bei de Eingaungsdian san sogoar Gugglecha integriert.
Das se jo neamt vakehrda vor da Hausdia vairrt.
Waun ma durchiguggt siacht ma so weit.
Das ma was, ob da Nochbar zaumgramt hot heit.
Frira hauma schaun woin und durchigugga mia Kinda.
Obs scho do woa s´Christkindl, denn daun wa
Weihnochtn vielleicht gschwinda.
Sogoar beim Plumpsklo hots a Herzerl gebm.
Auße oda einischaun, es woa wos zan dalebm.
A Guggloch wird imma haum an gwißn Reiz fia d´Leit.
Denn d´Neigier hots frira gebm und gibt's a heit.

Fias Göd de heile Wöd

D´heile Wöd, so kimts ma grod fia.
Is de Menükoartn vor mia.
Koa Wunsch bleibt fost offn do,
dazua mischn duat se gern de Gier.
Es gibt Soft, Wossa, Wei, Kaffee und vüle Sortn Bier.
Braucht da Kärpa eiwendi a Wärm.
Oana va de fünf Sortn Tee wird's daun wean.
D´Suppnkaspaln wissn des zan schätzn imma wieda.
Wauns oa gibt, de wean eana nia zwieda.
Da Hauptgaung jetzt is zan entscheidn.
A Tierwohl auswöhln, oda fleischlos bleibn.
So vü Entscheidungen in da heiln Wöd, de i do treffa kau.
Bist grod beim Ohnehma,
schaust nua Solote und koane Möhlspeisn au.
Glücksmomente soin bei dem Schmauß in uns klinga.
D´freindlichn Köhlna san fleißi beim Dringa bringa.
A Gost, dea in Himmi hot auf Erdn.
Des winscht ma se beim Konsumiern und Bedientwerdn.
Von da normaln Wiarschtlbude ums Eck, des nu gibt.
Bis zum feinstn Lokal, wost de Haubn zoist mit.
De heile Wöd, so wird ghofft,
daß mas kau üwaroi konsumiern.
Und im gleichn Moment duad irgendwo auf da Wöd
vor Hunga wer krepiern.
Wos hergehm oda deun, vor oim drüwa sinniern.
Und ned vaschwenderisch konsumiern.

Speisekarte

A Ausanaundasetzung

Mit Verlaub, Heiliger Staub.
Mir graut, weust ma in Tog host vasaut.
I siachs eh, daß´d a auf de helln Stölln huckst.
Wei i, waun is gaunz genau nimm,
durch mei Dioptrienbrülln guck.
Am schwoarzn sitzt genauso gern, du wirst ned miad.
Host a riesn Freid,waun auf ana Tastatur ois ebm wird.
Wo kimmst du her, du unedigs Ding?
Dei Lebn, hod jo koan nitzlichn Sinn.
Du bringst mi zan niaßn und huastn.
Huckst in jeda Ritzn, wos duast´n?
Mocht denn so wos Spaß? Klär mi auf!
Und jetzt duat se a nu de Frog auf.
Wia vamehrt se so a Staub, üwaroi drauf?
Sog mas, sunst moch in nimma weg.
I loßn oafoch, den Dreck.
Sübafisch und Spinnenpark.
Nennat i den Quark.
Waun i jetzt bedenk: „Vom Staube her zum Staube hin!
Is des bei mir söwa, a da gleiche Sinn?
Huarti hob i mi jetzt entschlossn und bi scho mittndrin.
Dass i di do glei wegmoch do herin.
Soid jo nu gaunz laung daun, bis a se erfüllt
dea Sotz: „Vom Staub zum Staub dea ollas zuahüllt".

Da Sex des Oitas

Fias Baby steht de Noahrung on ersta Stöh.
Fias Oita da Sex, des is scheh.
Wuat dea ned gmocht.
Gabs ka Baby, des locht.
Oisa Junge kaunst des goa ned kapiern.
Wos se do, im Oita, duad vaschieam.
Es hot se ois kehpt.
De Lüste haum se wo aundast hin valegt.
Duat a Heiriga, do a Buschnschaunk.
Da Sex des Oitas, daut dea laung?
Soid do jeda doa wira wüh.
A im Oita brauchst fian Sex a Gfüh.

Bei an Oidn bist guad ghoidn

Mia sitzn se zu an Mau.
Dea hot a Wahrnwestn au.
Se san guad zan seng, sog i.
Und daunk, dass bei eam nu Plotz irgendwie.
De Freid steht eam im Gsicht.
Erzöhn duad a mia jetzt sei Gschicht.
Seit mi zaumgfiad, a Dokta am Zebrastreifn beim Geh.
Keats zu mia, mittlaweile find is scheh.
Nau, des is kloar, dass nimmt a guads End.
Waunst in Dokta foist in d`Händ.
Wos glaubtsn es? Wia oid datsn song daß i wa?
De Aufgob zan darodn, stöht a uns zwa.
Näxtes Monat is so weit, siemadochtzg Joahr.
D`Frau is ma scho gstoam sogoar.
Er hot a aupaßts Radl ned amoi a Kedn,
de wird dschnö hie.
Mit an Keuream tritt da dahie.
Den Strom schoit da ned oft dazua, do duad a spoan.
Es soid a Training sei, er wüh jo nu länga foahn.
Jedn Mittwoch beschäftigt im Heim, do hüft a gern.
De oidn Leit miaßn umadum gfiaht wean.
I bin üwawödigt, wos san bei dem de „Oidn“?
Wo ma bekauntli so guad ghoidn.
Unsa Tour geht weida, mia brechan auf.
Ollas guade sog i, und tried am Dreda drauf.

Kurz danoch schau i zruck, ob wea kimmt.
Siach i de Wahrnwestn hinta uns,
und de fost kann Obstaund nimmt.
Fünf Kilometa, des woa a Streß, hot mit gmiadli nix ztoa.
I woid jo de erste sei, ned das dea fira kimmt a nu sogoar.
Das mi a Oida nu so treibn kau, i heds ned glaubt.
Fost hed a mi ogstaubt.

A strenge Garde

Wias nu ned woan groß gwochsn.
Haum se se sicha aungelobn loßn.
Wia Soidodn stengans hiatzt vor mia.
De Gugaruzpflaunzn vor da Dia.
Is nu ned laung her, woa i gräßa wia se.
Woas ned, waun de so gschoßn san in d`Heh?
A guads Vasteck, so a Gugaruzocka fia d`Fosau.
De Moda und d`Fixs nehman so a Laufzeun
und greifan au.
Da Schodn wird bodn, er duad se guad hoidn.
De Maiskeandln wochsn in de Koibn.
Do siagst koan schwächln on koan Tog.
Weiß guad vawuarzlt san, goa ka Frog.
De Truppn steht in Reih und Glied, de gaunze Läng.
Bis da Mähdräscha kimmt
und ois niedaputzt gaunz streng.
Daun o Schreck, san de kloan Viecha oam.
Haum so wia d`Soidodn eana Hoamat valorn.
Flüchtling üwa d`Nocht, so schnö kauns geh.
Hoffantli duad nu oa Gugaruzocka steh.
Üwaroi, wo i d`Maiskeandl siach und iß.
Denk i on de strenge Garde, des is gwiss.

Wirtin mit Leib und Söhl

I hobs kennalearna deafa, bin froh das is dalebt.
Mi faziniert des, wia de Leit friara haum glebt.
Des „Erlebnis“ hots ned vagessn.
Es geht ums Marühlnknedlessn.
Se san ned gstaundn auf da Koartn.
Owa waun ma ses unbedingt eibühlt,
auf wos ma ollas kau woatn.
Vierazwanzg woan zan mocha, kean jo vier aufs Tölla.
Des Erdäpfen kocha geht hoid ned schnölla.

Beschreim duats hiatzt de Oawat va Frira.
Keman grod van Ocka ham
und scho do de Gäst, de ia liawa.
Ma hot goa ned gwißt, wos ma zeascht soid doa.
Heit is oid und alloa.
Da Mau scho gstoam, de Konzession is fuat.
S´Aufmocha is vabotn woan sofuart.
Auf d´Fiaß hot se se gstöht,
bis zan Finanzaumt telefoniert.

A gaunz a junge stöht de Frog,
ob a Stotsbürgaschoft existiert.
Denkt do koana mit, auf so ana Stöhl?
Sie woa jo sechzg Johar Wirtin,
natirli kauns östarreichisch wia da Wöh.

Mit schwan Herzn sitzt´s in da Kircha
und siacht de Vareine.
Olle dadns kemma zu „Ihr“ eine.
Es deaf ned sei, ka Aufsperrn in Sicht.
Ihr Idee: Lieferservice, des koana sicht.

Seit vierzehn Tog, ma sowos kam glaubt.
Es is wieda offn, oiso jetzt is erlaubt.
Drei Kinda hots großzogn, und woas a a schware Zeit.
D´Wirtin mit Leib und Söhl, hot nu heite a Freid.
Des Geh is scho laungsauma,
mit ihre siemadochtzg Joahr.
Sie wühl wieda offn haum, und des hots gschofft sogoar.

Is ois gsogt?

Redn is Süwa, Schweign is Goid.
Hed i nua wos gsogt hoid!
So denkt ma oft im Nochhinein.
In dem Moment hoilt mi mei Fantasy ein.
Kontrollgaung im Friedhof moch i grod.
A illegale Grobpflegarin, so sogt mas mia noch.
Oiso a Pfusch, mit de Gstoama sozusogn.
Wirkli ruawi, denn do is nix mehr zan frogn.
D´Kränz san vadrickat, es is ois zaumdiaht.
I hobs entsoargt, wieda nett bepflaunzt,
sogoar zaumkiaht.
A Wocha späda steh i vor dem erhobenen Grob.
Gaunz links a haundgroßes Loch, waun is eich sog.
Es geht gaunz scheh owe, waun i so eine dua schau.
Woa do ned ois gsogt? I mas ned aundast erklärn kau.
De Frau wos do begrobn.
Mehr soilat ma davau hobn.
Mei Erinnerung is nua de ollabeste va ihr.
Hots nu wos zan mitdeun vagessn hier?
I hoi Stoana. Füh au des Loch mit große und kloane.
Wauns wirkli wieda zruckkimmt,
kauns trotzdem eine gaunz alloane.
Sanma sympathisch soiche Leit,
mit denan ma kau ois berehdn.
Je gräßa da Obstaund, desto bessa duads oft gehn.
Irgendwaun wird des frische Grob a wieda ehm.
Und auf Numma ochzehn ollas a Ruah gehm.

Weg vom Geist

Du **e**ntwicklst **m**it **e**igane **N**otn **Z**wischngsäng.
Des erklärt de **Demenz** a weng.
„Komponist“, wa so wos goar zan nenna.
Stottdessn songs, dea duat se nimma recht auskenna!
Siebn Stufn duads gebn.
Maunche miaßn laung nu damit oda danebn lebn.
Dea wos lebt danebn, den Rot soid er befoing.
Ned kritisiern sondan lobn,
haum dem Dementn jo sein Geist gstoin.
Drum mochta seine eiganen Liada.
Red daher gaunz oft va friara.
Is wirkli üwazeigt gaunz fest.
Das d´Ödan Nometog kemman
und a gestan erst dogwest.
Dea Nohestehende woas
vor zehn Joahr, s´Begräbnis woa, und es woa hoaß.
Wia a Theatastickl mit an neichn Text.
Des schauspülarische Talent wa gfrogt demnäxt.
Es föd oft die Orientierung, es föd dem Kraunkn da Plan.
In da Vazweiflung frogt ma se danebn:
„Waun heat des auf, wann?“
De kärpaliche Oawat kau goa ned so schwa oft sei.
Ois wia an dementkraunkn Aungehörign
richti wirkli zan vasteh.
Unsan Geist, so laung man nu richti haum,
faung ma damit wos Sinnvolles aun.

D´Mundoart

In jedn Bundeslaund, a weng aundascht dans redn.
So wia hoid da Schnowe gwochsn is,
drum vasteht ma ned jedn.

Beim Eikaffa, desmoi brauch i ned üwaleng.
A „Mundoart Edition“ tuats sogoar fian Klogaung gebn.
Des woa a gscheida Kerl, dea se des hot ausdengt.
Do is ma am stilln Örtchen
midn dazualeana richti oglengt.

Ob Tirolarisch wird erklärt,
wos „Auß`d tuats pritschn“ haßt.
Oda Burgnländisch, „eppa“ vielleicht i des was?
Unsa Bundeslaund präsentiert de „Beaumtnforön“.
Und „hibsch spot“ erklärts mit,
waun des Zeitgfüh tuat föhn.

Des Weanarisch mit, „jetzt host in Scheam auf“,
find i voi lusti, grod sitzend auf da Klobrühn drauf.
Daß des Klopapier mi so intressiert,
wos i hob in da Haund.
Ois häd i vawett, mia woan etla Begriffe ned bekaunt.
„Tausn`d Schass driwa“,
is a dem gräßtn Bundeslaund zuadocht.
Auf mein Klo hob i nu nia so glocht.

De Kärntna song: „A gache Reid“.
Sogst: „lous zua“, und es funktioniert, host a Freid.

De „Breslfetzn“, stöhn unsa guads Schnitzl doa.
Ma kau a „a guads Pappal“ song sogoar.
„Üwa habs“, do moant ma ungefähr.
Bist ma nu feind? Oda eh nimma mehr.

D`Mundoart leana is goa ned so schwer.
Kaunstas, daun woaßt, wo de aundan san her.

Des Besngöd

S´hechste Lob und Aunerkennung z´gleich.
Zan findn im Bodnbereich.
Drum is üwaroi zan hintreguckn.
Jedn Stui und Tisch amoi varuckn.
Denn freiwühli legt des koana o.
A bißl potschat und de Münzn roit scho zuwe do.
Vasteckt se in de unglaublichstn Spoitn.
Des kau s´Finanzaumt ned vawoitn.
D´Freid is dabei.
Endli wos steiafrei.
S´Fitnessprogramm is inkludiert.
Nimma vakürzt und a ned miad.
Zuasteh duats jeda Reinigungskroft ollemoi.
Wean jo hie davau de Knia, auf jedn Foi.
Dea gräßte Feind, dea so beliebt fia jedn Raum.
Staubsauga is sei Naum.
Den schmeckt des a, dea hot de Kroft.
Wos da Besn ned schofft.
Wird eh da Strom teira.
A guada Tipp, dama midn Besn weida.
Nur wer des Kloane ned ehrt.
Is des Große ned wert.
Hoffantli des im Dienstleistungsbereich nie föd!
Es lebe hoch des Trink- und Besngöd.

1 CENT
10 CENT
2 CENT
1 CENT
5 CENT
2 CENT
10 CENT

Wundaboare Kläng

I geh grod va ana Sitzung ham.
Glei bin i beim Friedhof, gegnüwa is mei Daham.
Mi erreichn wundaboare Kläng.
De böhmische Gruppn probt a weng.
Des findt heit im Frein stott.
Oda nua weng mia grod?
Mei Balkon is Goides Wert.
Ma nix üwasiacht und nix üwaheat.
Zum Bett geh is um 22 Uhr 20 nu ka Zeit.
Wauns grod so scheh spühln heit.
Finsta is und Dienstog Nocht.
Waun i mit zwa Finga pfeifa kunt, i mochats glott.
Zan taunzn gangadn meine Fiaß nu ollemoi.
Owa wem faungstn so schnö her auf amoi?
De Schneckn wean owa do ned a noch den Takt renna?
Denn daun is mei Gartl nimma zan dakenna.
Totnstüh is in mein Haus.
I wa grod richti se zu da Musi zan bewegn drauf.
Daun drah i mi hoid alloa a weng.
Zu da böhmischn Musi eane Kläng.
Song muaß is eana, waun is triff de Leit.
Das i hob mit de wundaboarn Nochtkläng a Freid.

In Od´m ziang

Wia schnö is Leb´n zan valiern.
Waunst duast nimma in Od´m ziang.
Da wichtigste Schrei soid sei glei.
Waun a Neigeborn´s in Od´m ziagt herbei.
Ob hiatzt mocht dea Erdnbürga des alloane.
Ohne Noweschnua gibt ka Vasorgung mehr va ihr koane.
Bei de Raucha schauts moi genau zua.
Deajenige ziagt des Nikotin eine in oana Dua.
A boa Joahr dauts daun au.
Bis des Od´m ziang a schwara wean kau.
Denn a Deischung is dea Glimmstingl scho oiwei gwen.
Lossn do einige deswegn frira eana Leb´n.
Des Üwagwicht trogt a dazua bei.
Das des Od´m ziang aunstrengenda wird oiwei.
Steigts a weng au, de Waundarung am Berg.
Da Kärpa auf Hochdruck eigstöhlt hot des Werk.
So maunche raffan daun midn Od´m ziang.
Ohne vü Sauerstoff is des hoid ned so guad zan hiekriang.
Todesängste, waunst kämpfst um d´Luft, san zan dalebn.
Is söbstvaständli ois, so laungs va söwa duad gehn.
Drum ziagts in Od´m za jeda Joahreszeit.
Daun mochts eichara Lunge a richtige Freid.

Wia a Schea

„Wia gehts?“ Frogt de Frau wer.
Ihr Auntwoart: „Mia gehts wia an Schea.“
Amoi owada Erd, heit geht’s guad.
Ned ollas so zwicka duad.
So a Schea, er schaut a außa owa ned laung.
Denn unta da Erd is sei Gaung.
Amoi geht’s ma so wia unta da Erd, es is fost zan steam.
Ois duad weh, und vor da Wohnung a fiachtalicha Lärm.
So a Schea unta da Erd is auf Spaunung ollewei.
Denn olle drei Stund kimmt so mauncha Bau
midn Scheaheenl vorbei.
Faunga wühla eam um zwöfe, um drei.
Da Schea muaß ochtsaum sei ollewei.
Er grobt se mit olla Kroft durch de untare Wöd.
Vielleicht is des amoi mei Gaung?
Wauns zan Steam zuwe geht.
Schofft mas zan owahupfa va da Schaufe,
dem Schea seine Händ.
Hot des Lebn nu ned sei End.
A Generalprob soid ned so guad gelinga.
Denn nua daun geht des richtige Steam
dafia umso gschwinda.

A Zehz`n

Ma muaß ned auf de Zechn schau.
Owa de san a gwiß drau.
Bei ana Zehz`n, des kau sei weibli oda männli.
Meist nu gaunz jung, denn de bewegt se ständi.
Zach is so a ähnlicha Begriff.
Keat zu oana Zehz`n, denn ma meistns de Rippn sicht.
Des Wort nimmt fost imma a beleibta in Mund.
Wos a gwiß da Neid sei kunt.
Denn schaust so ana Zehz`n beim Essn zua.
Woast ned, wos hiegschlickt wird, in oana Dua?
Des Individium nimmt nix zua.
Fia so Zehz`na gibts sogoar a Kur.
Vergleiboar mit ana Klez`n.
Is so a Zehz`n.
Denn vü Energie braucht so a Birn,
daß mas späda kau vawendn.
Bei ana Zehz`n duad de a fost nia endn.
Ob mas gaunze Lebn a Zehz`n bleibn kau?
Gaunz wenign siagst des noch Joahrn nu au.
Meistns is da Wohlstaundsroaf daun drau.
Daun üwalegt ma, wia stöh i des jetzt au?
Das i wieda a Zehz`n wean kau?

Wer wird scho ned gern globt

Vamöt wirds und ausgsprocha am Sunda heit.
Bevor de Glockn des End dea Mess eileit.
Ob se kuntn zaumfind a Poar,
de wieda reinign unsa Kircha mitzaumtn Oitoa.
Vüle Händ dadn ergebn a schnölles End.
So klingan de Worte vom Vakünda im Moment.
Waun ma se zu sowos ois „Mau" entschliaßt.
Alloane da Wühln zöht,
daß ma kirzngrod in Himmi amoi aufischiaßt.
Ma denkt a poa wean scho sei, de wos san motiviert.
Volla Eifa is ma eigstöhlt, waun ma braucht wird.
Zwoa Herrn san eitroffa, se diskutiern und woatn a weng.
De Schoar bleibt so kloa, d´Sakristei is goar ned eng.
Bei dem Oawatsauftrog föd a Managa,
dea ois hod in Griff
und a deligiern kau, des wa wiff.
Wei se se eh umgschaut haum a weng.
Neman de Freiwüllign des ned so streng.
Gegan wieda, haum neamt aundan troffa.
Da Wühln geht fias Werk, so dans hoffa.
Da obrigste van Pfoargemeinderot, ebenfois a Mau,
stöhtse den drauffoigendn Sunda aufs Rednapuit
und faungt zan Lobn au.
Dea Glaunz is ned zan üwaseng.
Unsa Kircha stroit heit bsundas schen.
Jo soiche Worte, tiaf eine dans geh.
Wer find so a Lob ned scheh?

Waun i duatsmois mit mein Scheinweafa kemma wa.
De hedn se sicha unta da Kirchabaunk vasteckt, de zwa.
Vom erstn Stui bis zan Letzn vawebn
dan gern de Spinnen.
Waun is ned wegmochat do herinnen.
Glaubt hob i, daß mei Dienst fia mi hei duad schnölla geh.
Wo vorher doch a Großputz gleit in de Weh.
I kauns trotzdem vasteh.
A Lob is doch imma scheh.

Nockat bodn

De zwoa Sochan soin sei kloar.
Erstns, daß i sicha ned auzogn woa.
Zweitns, daß ned in meina Bodewauna so woa.
Na, unta daundan nockatn Leit.
De, a damit a Freid.
So wirkli ohne nix zan sei.
Des wos vielleicht schniert ei.
De Woahrnehmung is gaunz södsaum und klan.
Wia frira bei da Eva und beim Adam.
Bis eana gsogt haum.
Daß nix auhaum.
Hob bei mein nockat bodn neamt kennt.
Do is ma wenigstns ned vaklemmt.
Loßt ma foin de Hühn.
Wia neich duast di fühn.
Des Wossa kimmt on olle Stöhn und schmeichlt di au.
Flexibl hoit, es paßt se au.
Nockat bodn, probiert ses aus, wauns eich megli.
Denn im Oita is ma vielleicht nimma so bewegli.

Des Treibn am See

D´Schwoim setzt au zum Sturzflug,
weiß hod an Duascht.
Nimmt a Schluckal, und flattat davau,
ois aundre is ia wuascht.
De Mama Antn durchquert des Gwässa
mit ihre ocht Kinda.
So liawe Woikneidln schwimman dahie,
wia wauns ses schoi oiwei dadn kina.
Jetzt wird ma Ongst und Baung,
hob beim Schwimma nu nia on sie denkt.
A Bodegost trogt a Schlaunga in seine Händ.
Setzts aufi aufn Bam am Raund van See.
Hoffantli bleibts obn, des wa sche.
Am Klee sitzn de Bienen, oda san grod beim Fliang.
Tisch drei hoaßts vom Lautsprecha,
dadn eana Essn kriang.
Föln am See deaf auf goa kann Foi
d´Luftmoatrotzn, d´Schwimmnudl
und zum Schiaßn da Boi.
Da Sunhuat, d´Suncreme und Sunschiam, de san wichti.
Und dazwischn eikehrn geh so richti.
Hundebesitza san zan seng, mit glei drei Vierbeina.
Oiso zwöf Haxn dan nebnher renna.
Des Stand Up Paddln is jetzt voi in.
Grod liegt wieder a mehr broads ois hochs
Vasuchskaninchen im Wossa drin.
Des Treibn am See, des wirds imma gebn.
Wos gibts im Summa schenas zan dalebn?

Des Salettl

Neman Wossa, a sonniga Plotz.
Gibt neamt, dea do ned gern mocht a Rost.
Ob midn Radl, da Maschin oda z´Fuaß midn Hund.
Jeda gibt gern maunche Neiichkeitn kund.
Da Chef is wirkli a freindlicha Mau.
Dea mit seine Gäst guad umgeh kau.
Schoffst da an Cocktail au,
und des Wossa faungt durch de Sun zan glitzan au.
Daun kimmt des Urlaubsgfüh in mi.
Des Salettl kau des irgendwie.
A poar Sochn, de paßn zaum im Moment.
Das ma in Oidtog ausplent.
Des Schware wird leicht.
Im Salettl neman Teich.
Zan seng san spuartliche Leit und dicke.
Soiche, de se gfrein aufs Niedasitzn und song
„jetzt tschick i".
Im Salettl is Plotz fia jedn Mau und jede Frau.
Wuascht wora herkimmt, wos a duad, ob a is schlau.
Mitnehma soida des bsundre Gfühl.
Im Salettl woas wundaboa, leida gibt's nimma fühl.

Da Wülln geht fias Werk

Mei Buasch legt a neiche Rosnfläche au.
Weil a auf Urlaub foaht, mecht a nu goa ned baun au.
I dahear des und sog zu eam nebnbei.
Das i des gern moch, des „Giaßn“, und i mi drauf gfrei.
Mit dem hot er ned grechnt, i üwaroschn grod.
Sog nu dazua, daß i sogoar zwa Beregna dafia hob.
Hoin mecht is va dahoam, is jo ned weit weg.
Mei Mau woa a dabei, bei dem wos mia zwa beredt.
I nimm mei Wäsch nu o. Obnd is scho woan.
Danoch schau i, wo de Beregna san dahoam.
Nix zan findn, wo wean de sei?
Hobs do gaunz aufi glegt oiwei.
Zweifen dua i scho on mein Vastaund.
Denn i vagiß scho ollahaund.
A hoiwe Stund geht umi, nix kimmt fia.
Zuaföhli geh i vorbei on meina Autodia.
Am Nebnsitz lingans sche nemanaund.
Und woatn scho aufs Aufifoahn mitanaund.
Hot do mit oan Griff mei Mau se gnumma.
In mei Auto glegt und beim Nochban Bier drunga.
Des braucht ma ned beredn, des is gloskloar.
Daß er da große Höd jetzt woa.
Sei Idee, sogoar ois glei gfundn
und beim Nochban gstärkt.
Da Wülln geht fias Werk.

Das i a hoiwe Stund gsuacht
und zweifet on mein Vastaund.
Geht komplett unta im Saund.
Es wird scho amoi paßn, daun werd i eam frong.
Worum ma des ned a kuntat dem aundan song?
Da Wülln geht fias Werk, zöhln soid des Guade alloa.
Wos soid ma do nu dazua song oda doa?

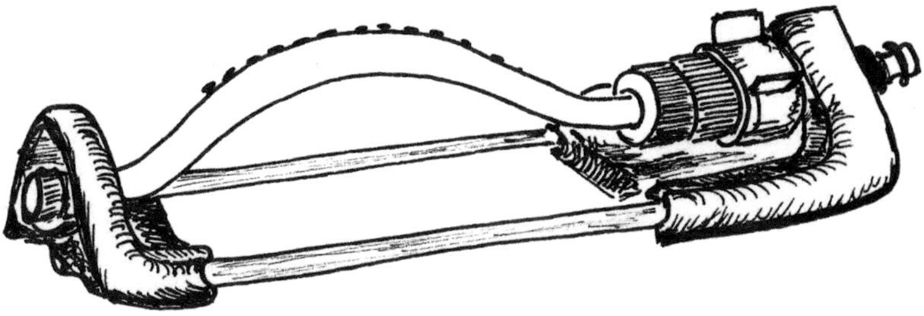

Niedadruckweda

Des kennt sicha a jeda.
So a richtigs Niedadruckweda.
Bewökt, schwüh, daun wieda sunni, ois dabei.
Sowos kau di niedadrucka ollewei.
Miad wiad ma und schwoch momentan.
Dawei hätt ma so vü am Plan.
Wia waun wer odraht hätt den Energiehauhn.
Drum bringt ma grod ka Kroft zaum.
I moch hoid a kloans Rastal, des kau ned schodn.
Bin jo sogoar scho laungsaum auf da Grodn.
D´Augn foin zua, wia waun d´Narkose kahm.
Hob sogoar an miadn Drahm.
A feindzeulige Fliang attakiert mi
im Wohnzimma do herin.
An Zucka mit d´Fias bring i zaum,
doch va den is ned hin.
Wia im Sekundntakt, dea wos bei Ihr programmiert,
fliagts zu mein Fuaß und attakiert.
I bin in Trauß, fost voan Steam.
Unmegli kaus grod va mia daschlong wean.
Auf d´Nervn gehts ma ollemoi, grod im Moment.
Sie is hoid de stiarkane, energieglodna
und streitsichti wehement.
Des Niedadruckweda duat de Insektn quasi „chipn".
Grod hobis zum Sitzn gschofft,
und jetzt dua i deara feinzeulign Fliang oane pickn.
Dea Pahtz foaht aus, de kau koan mehr quwöhln.
So maunchn duad des Niedadruckweda eana Lebn stöhln.

Pflichttermin

Freitogobnd is Musiprobe.
Se trainiern fia de Marschwertung grod.
Zur Zeit stengans unta mein Haus.
Ana haut grod auf de Trumme drauf.
Da nexte blost in die Trompetn.
Da Rudi hod an Führastab, an nettn.
Duachanaund redn hear is grod.
Se soladn weida doa, sunst wird's eana z´spot.
Antretn, so da Beföh.
Haum olle gheat und gmocht wia da Wöh.
Cirka 25 Musikantn, a schene Schoa.
Mandl und Weiwal gmischt, is eh kloa.
Fünf Tubas posaunen an schen Klaung.
De Trumme klopft nochn Gaung.
Trompetn wißn a, wauns pfeifn soin.
Ois Autofoahra duaste glei rechts daune varoin.
Denn de san brada ois de Radlfoahra se traun.
Do kimmst goa ned auf de Idee zan fireschaun.
Jetzt spühlns an schen Marsch, wirkli bekaunt.
Mei Fuaß klopft in Takt dazua, ollahaund.
D´Musi geht hoid ins Bluad, so duad ma song.
Obs an Duascht haum, brauchst ned frong.
Blos du amoi so vü eine und geh den Musi Schriat.
Daun host a frira an Duascht, ois daß´d bist miad.

A bsundre Bekauntschoft

Männli und scho fuchzg Joahr.
Eigantli is a schiach, dea Noar.
Schloft a Zeit gaunz laung sogoar.
Bestimmts a nu söwa, waun des wa, na kloar.
Mit ana Pediküre, wo de Nägl weg.
Kamata ned so schnö, van Fleck.
Sein Schutz hoda am Bugl, oilewei.
Ohne Paunza kimmta nia herbei.
Moritz, so sei Naum. I hob eam s`erste Moi troffa.
Oft isa durchn Zau, zur Nochbarin gschloffa.
Es geht um a Viech, ned a gwendlix, des ma kennt.
Reptilie wird's a gnennt.
An Hornschnowe hoda zan z`beißn, so wia da Popagei.
Solot, Bananen, Erbsn oda Achillessehne, es is einalei.
D`Vordafiaß san Schaufen, ähnli wia beim Schea.
De zwoa grobn hoid a weng mehr.
Da Seh- und Riachsinn is supa ausprägt.
Stundn kaunst suacha, waun a se vasteckt.
A Schüdkrot is vawochsn midn Paunza,
oiso dea is drau on seine Rippn.
Dea deaf ned amoi, oamoi umkippn.
Do wan va d`Leit, scho vüle weg.
Waun des a so wa ausprägt.
Von Natur aus häusli is des Vieh.
Des bin a i, owa i za mei Haus ned üwaroi mit hie.

Bock wa dea a zan nenna.
Weira a Mau is, ma kaus hint dakenna.
Froh bin i, das eam kennaleana hob deafa.
San jo gleich oid mia zwoa.
A bsundre Bekauntschoft sogoar.

Wos ned ois gibt

Des stoize Oita 80 erreicht.
Nu imma spuatli ollezeit.
Wei sei Züh grod is a Radltour heit
duad se dea Jungbliewane umziang und hot a Freid.
Dradlhosn is scho drau on eam.
Des schene Hemat duad nu stean.
Er stroafts üwa sein Kopf driwa.
Schliaft ins Fitness-Shirt, des is eam liawa.
Schuach und Höm
deafan a ned fön.
Heit hoda a aundas Radl zan probiern.
Denn sei eignes roatzt, do muaß da Fochmau nu studiern.
Der fite Mau, legt scho zwanzg Kilometa zruck.
Grod foid eam auf, daß nua oa Hea-Appartat heit druckt.
Oje, wo wird da zweite sei?
Nua ka Panik, d´Höfte hean is grod so scheh.
D´Freiheit gspiada bei sein Foahn.
Midn Strom duada a bißl spoan.
Nua so kimmt a richtigs Training z´saum.
Recht hoda,
denn er duad nu ned amoi a Oitasbächl haum.
Wieda zruck va da Tour.
Erzöhd as sein Bua.
Das a hod valoan, des kloane Ding.
Da Sohn heat grod wos pfeifn do herin.
Oda is a Deischung? Grod headas wieda ned.
Wo is dea kloane Dreck?

Da Spuatla legt o sei vaschwitztes Gwaund.
Und entdeckt dabei den kloan Vastärka,
is des ned ollahaund.
Jetzt hoits eich au, denn des gibt's in kan Führm.
Dea Heaapparat hot piepst in da Untahosn drin.
Is des ned a Motivation.
Waun se a im Oita nu wos riad in da untan Region.

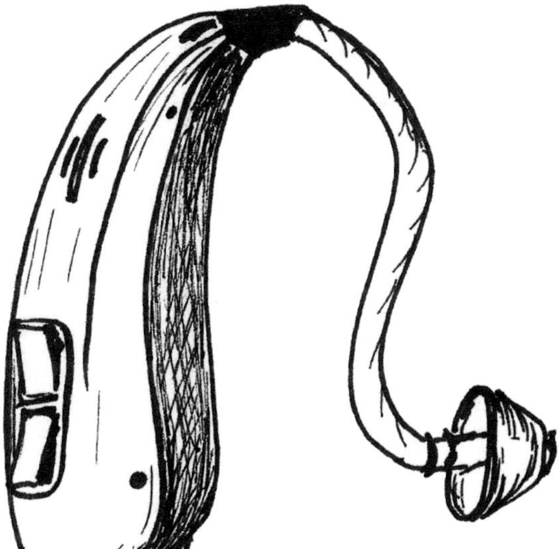

Aufg´warmt

Aufg´warmt is ned frisch.
Aufg´warmt is a ned so guad, da Fisch.
Aufg´warmt, des hoßt ebn.
De Moizeit hots scho amoi gebn.
Is da duach und duach koit.
Weiß z´laung daut hod im Woid.
Daun muaßt aufwama geh.
Rüwest a Weu deine Händ im Steh.
Stehst zwoar voam Ohfn im Weh umanaund.
Doch so schnö duats ned geh,
daß woam wird dei Haund.
Jetzt is do a nu de aufg´warmte Liab.
Des hoaßt, ma mocht se Gedaunkn,
obs numoi scheh wird.
Beim Essn soid ma nix vaschwendn.
So a aufg´warmte Liab, kau des guad endn?
Aufg´warmt oda frisch.
Gessn, so sogt ma, wird, wos kimmt aufn Tisch.
Beim Gulasch, is vielleicht de oanzige Ausnaum.
Desto efta g´warmt, desto bessa am Tölla drauf daun.
Bei da Liab kau mas probiern.
Brennts wirkli au, gibts nix mehr zan Valiern.

D´Oawat rennt ned davon

Wauns denn do, so wa?
Gangt es suacha?
Oda wa i froh, daß fuaht?
Das wea aundra duad.
Des is jetzt schwa zan glaum.
I suachats daun.
De Freid, wuatat i vamissn.
Das is zaumbrocht, schnö erledigt und ned drauf gschissn.
Des erfühlt mi oiwei so mit Stoiz.
Oda bin i gschnitzt aus an foischn Hoiz?
Aundre dan se do nix drauß mocha.
Loßn lieng des gaunze Socha.
Song glott,des moch i irgndwaun.
D´Oawat rennt ned davon.

Nua ned jamman

Ma hots ned imma leicht ois Frau.
Owa schau da des amoi beim grean Heipferd au.
Sie is gräßa ois da Mau.
Daher vaurteut zum Schwara oawadn, wos a kau.
Besitzn duat sie an Legebohra,
dea is drei Zentimeta laung.
Waunst des amoi siagst host Hochochtung,
gleichzeitig wird da baung.
Des braucht Zeit und erfordat Kroft.
Ollas fia de Nochkommenschoft.
A oaschichtigs Haus neman Woid.
De Heischreckfrau sitzt am Pflosta des scho oid.
Zwa Zentimeta vasenkts va ihrn Stochl in Zwischnspoit.
Es is ka lockare Erdn, na a hoarta Riesl hoid.
So mechts einelegn hundate Oa in Gruppn.
Mia beauntrogadn de „Schwerarbeit" mia dadns vasuchn.
Wia de Frau Roger, glaubt on de Zukunft gaunz fest.
Siacht erst noch zwa Johr obs erfoigreich gwest.
Erst noch Fünf Joharn
entsteht wieda a fiatiger Heischreck sogoar.
Siebn moi heitn, und des gaunz alloa.
Brauchan ka Kindabetreuung, wauns kloa.
Singa kinan nua de männlichn, de san ausgstott dafia.
Weils Morgnmuffln san, head mas ned in da Fria.
Präsentiert wird der Gsaung am Nometog daun.
So wia a richtiga Musikant, bis in die Nocht gaunz laung.
Van Jamman, so schreib i in meina Gschicht.
Des gwensta o, waun ma so a Heischreckfrau sicht.

Stad schauat sei

Wia duad so a Wort entsteh?
Ma kau eh ned laut beim Schau sei.
Oda schaut ma do stad und laung drüwa.
Wer laung schaut, bleibt üwa.
Mia foid a Beispühl ei.
Wos bessa wa, ma dadat stadschauata sei.
Kas mocha is grod mei Züh.
D´Müch haundwoam, i grod de Labtropfn einedoa wüh.
Da Gned steht mit mia auf und geht mit mia ling.
Des woa a da Üwetäta on dem Tog, in meina Kuchl drin.
Kopfüwa hoit i des neiche Flaschl mit de Tropfn.
Normalerweise dann zwöf, laungsaum in de Müch hupfn.
Heit schütt i de hoiwade Floschn in de Flüssigkeit.
Is jo ka Tropfaufsotz drauf, weit und breit.
So jetzt steh i do mit mein schnön Schau.
Woas, daß des niamois a uandlix Kasloawe wean kau.
Waun i zu de stad schauatn gheat hätt im Moment.
Was ma aufgfoin und es nahmat ned des End.
Es gibt Teule im Lebn.
Do wa ma liawa, i warad stadschauata gwen.

A aufgsprunga auf den Zug

Wohin geht de Reise?
Siebn Buchstabn beschreibms auf ihre Weise.
Fuchzan Kilometa launga Bergrückn.
Fia Waundara zum Entzückn.
De Roaß, wa jo bei Zeitn owagaunga.
I dua mi grod van üwastaundenen
Schweißaunfoi dafaunga.
Wechsel, des is de Station.
Wo dea Zug hoit aun.
A des muaß ma bereisn.
Waun ma wü Erfoahrungen beweisn.
Se söwa üwazeign, des is oiwei intressant.
Ob van Waundaparadies oda Hitzewollungen,
beides imposant.

Des Woahrzeichn

A boa Joahr keada zu unsan Grund.
70 Zentimeta meßt a va gaunz unt.
Bei da Biene Maya, i woas nu ois Kind,
I, des militärische Vahoidn va eana, cool find.
De haum wos bewegt und vü gschofft.
Wei oana befoin und de aundan des gmocht.
I hob eam nu ned befoigt, den Rot.
Den Rindnmuich hinzlegn
und de trogn eam aus in zwoa Tog.
Richtige Oawatsgreu is des a stoarke Gschicht.
Denn wea trogt scho des vierzgfoche
va sein Kärpagwicht?
Es wualt und wualt, do is a Bewegung drin.
Woahscheindli siacht a jeda in sein Doa an Sinn.
De A oda de B- Meise.
Mit eane sechs Haxn, rennt a jede auf ihre Weise.
Waun dea Aumasnhaufa wird nu gräßa.
Is des daun auf Moakt 58 a Woahzeichn mit etla Meta.
Da Mensch, bekauntli ea gräßta Feind.
Mittlaweu vaspia i Hochochtung und mia san Freind.
Denn waun de Autobus kemman in Scharrn.
Um bei dem Woahzeichn zan vaharrn.
Daun hot se glohnt mei Geduid und s´Woatn.
Fia de gräßte Auszeichnung, Natur im Goartn.

A Unrecht dau

Grausli füht se se au.
Waun da wer Unrecht dau.
Sowos duad diaf drinnan weh.
Ma kauns ned vasteh.
Tränen woschn ois irgendwaun scheh.
Da aundre nimmt wos au,
wos ma söwa ned wirkli hod dau.
Foisch glaubt da, das ma is und bleibt.
Mit dem Glaubn, er sei Vorstöhlungskroft weida treibt.
Es wird a Mauer baut zwischn zwa Leit, de sunst san guad.
Hintagaunga fühn oda varodn
mocht an Knopf in d`Freindschoft sofuart.
Wunde Stöhn haum olle Leit auf da Wöd.
De ehrliche Entschuidigung dafia, owa oft föd.
Trotzdem vazeihn, sowia da Herrgott uns olle Tog.
Des nahmat jedn Unrecht des Schware auf da Wog.

Des is wos mit uns zwa

I bi de Anni, i stöh mi vor.
Jedn Tog turn i nu sogoar.
Mei Koda liegt am Ohrnsessl in da Eckn.
Er woaß Bescheid, deaf ned stean,
drum duada se vasteckn.
Olle Übungen gschofft, mit meine ochtaneinzg Joahr.
Etlix moi, es owa daun scho soo woa.
Das is nimma gwißt hob sogoar.
Da Minko, mei Koda, wa jetzt a Hüf, na kloar.
Waun dea des Sprechns mächtig wa.
Jetzt sogata: „Des is wos mit uns zwa."
Stottdessn nimm i zaum mei gaunze Kroft und loch.
Turn wieda meine Übungen,
de i jetzt des zweite Moi moch.
Vielleicht wird ma nua so richti oid?
Mit an Koda, dea die ned kau erinnan hoid.
Drum sog i oiwei zu eam, und es foid ma ned schwa.
De richtign Worte, de do hoaßn:
„Des is wos mit uns zwa."

Des stühle Lob

Jetzt kimmts ma grod.
Weiß ma laung scho geht ob.
A hoibs Lebn geht umi.
Woarum erst jetzt, do drauf kumm i?
Es woa jo eh scho do oiwei, irgendwie.
Nua dahean dua is nie.
Volla Begeisterung wird gjuwet und frohlockt.
Doch va mia zan hean scheinboar untasogt.
Des is nämli scho im Ultraschoibereich,
fia des hob i ka Keah.
Jetzt brauch i nimma entteischt sei, nimma mehr.
Wird eh ois gseng, wos i im Schweiße voibring.
Van putzn, kocha, bocha und begln do herin.
Hot ois a Bewundarung, waun i mi plog.
Ob midn Koik – Urinstoa oda flicka, wos i goa ned mog.
Motiviert bin i auf Höchststufn grod.
Denn i woaß jetzt, fia wos, es is ned z´spot.
Fias Juwen und Frohlockn.
Dua i weida putzn, bocha begln und kochn.
A Züh braucht ma olle Tog, i des jetzt hob.
Meins hoaßt bis zan Steam: „Des stühle Lob“.

Da Notschluck

Im Kastl, do steht a drin.
Da Notschluck, mei Medizin.
Des kunt ma a Plan B nenna.
Wauns ned so rennt, wia ma ses duad ausdenga.
Lösung is des gwiß kane, auf Dauer.
Nimm a eh nua, waun i bin sauer.
Hobn a scho gnauma, wei ma so vü gelunga.
Zum Belohna hob in drunga.
Kau mi erinnan, daß i richti woa miad.
D´Medizin gnauma und glei gspiad.
Fühl i mi so richti alloa.
Dring i owa, und mia san scho zwoa.
Im drei Wochnobstaund, kimmt da Medizinmau.
Er nennt se a Weihbau.
Fias Bluad is a guad da Rode, do soid ma wean oid.
Ob se dea Notschluck in dem Kastl sooo laung hoit?

A bewegta Heirign

A Heirign, wos vü vaspricht.
Wo de Gäst, wean guad ogricht.
De Aunsteckung is duat, koa Thema.
Denn an Coronatisch, kaun ma se nehma.
Extra kloa mit nur oana Baunk.
Es kau neamt umaspucka, ma wird ned kraunk.

Speißekoartn gibts ned in Üwafluß.
De hoit ma vom aundan Tisch, zu Fuß.
Somit knipfst sofuart an Kontakt.
Frogst: „Seids firmenmäßig do oda privat?“
Woaßt daun, wost wüßt zum Dringa.
Duat des ned a fesche Kölnarin bringa.

Na, du erhebst dei Hintadeu.
Gehst zur Außschaunk und woatst a Weu.
Fia dei Begleitung trogstas natirli mit.
Und paßt auf, daß das net glei vaschittst.
Host ned uandli gschaut und di glei entschiedn.
Muaßt numoi an aundan Gost frogn,
ob de Speißekoartn is zan kriegn.

Vielleicht klopts hiatzt, loß dein Schmäh renna.
Nua so learnt ma aundre Leit kenna.
Frogst glei noch, ob sei Essn bekömmli is.
Und sogst: „Wei i des daun a iß.“

A aundra woat auf d`Koartn, im Moment.
Hiatzt pressierts grod a weng.
De Tofe is a zan lesn, de do hängt.
Mitgliedsbeitrog fia a Joahr. „A Geschenk".

Wird do mei Tisch fia imma resaviert?
Und waun i kimm, hob i Plotz gaunz ungeniert?
Bei da Möhlspeiß beim Schnapsal, es bleibt oiwei gleich.
Ma hoitses, Leidln bewegts eich.

Des Trinkgöd, des muaß i hiatzt beredn.
Hob i ma gspoat, bei sovü söwa bewegn.

Da Jojo Effekt

I hob großn Respekt.
Vor de Leit, de san so korrekt.
Das ned kimmt da Jojo Effekt.
De Aunstrengung vom Spuart
und de Konsequenz beim Essn.
Bringt an zu dem Züh,
daß ma duad auf de Noahrungsaufnaume fost vagessn.
Natirli host a große Freid,
waun dei Konfektionsgräß schrumpft.
Owa bedenk, zu dem Züh du ned in fünf Tog kummst.
Na mindestens drei Monat, es is a zache Gschicht.
Solaung ochtn auf sei Gwicht.
Vazicht steht au.
Nebnbei, richti üwazeigt sei davau.
Va dem gsundn Lebn, des ma so kennt.
Kan Zucka, ka Fett und Spuart wehement.
Waun ma se so vahoit, bis zum End.
Ma den Jojo Efekt ned kennt.
Owa bedenkts nu,
bevors eich fühlts mit der Einschränkung „oam".
Gsund gstoam is a gstoam.

Schwoimvasaumlung

Fochg´simpet wird grod.
Bei da Sitzung am Droht.
Ob eh jeda Nochwuchs kau uandli fliang.
Denn Afrika is ned oafoch um d´Eckn biang.
De einberufane Zusaumenkunft.
Is duat, wo Hausnumma zehn und öf zaumkummt.
Auf da Höfte van Hegaberg, do is der Zugvoglgsaung.
Es wird eana sicha scho baung.
In zehn Tog is Maria Geburt.
Rauch- und Möhschwoim fliang do wieda fuaht.
So a Roas, keat plant und organisiert.
Miaßn jo wissen, ob wegn Corona a Luftweh vaspiat.
Mia gengans hiatzt scho o.
I gfrei mi, wauns zu Maria Vakündigung wieda san do.

Bei unsra Nahvasorgarin

Saumstog is und nu da Vormittog.
Do gibts gnua zan doa, goa ka Frog.
D`Chefin söwa kniat bei da Kühlung hiebei.
Ihr Augstöde is stets bemüht,
daß de Kundn zfriedn oiwei.
I bin im Lodn, hob an guadn Schwung.
Obwoi i nimma gaunz jung.
Unsa Heidi wüh wissen waun de Hagebuttn dan geh.
Weiß des Marmelad so gern ißt,
und daß grod mi frogt, find i scheh.
I sog, de muaß erst gfrean.
Das des wertvolle Marmelad wirkli duad guad wean.
Des is recht hob eh ka Zeit, so woan ihre Worte drauf.
I sog zruck, de host a nocha ned, owa gib ned auf.
Jetzt is a junga Vota im Gschäft, da oanzige Mau.
Wei i so gern red, sog i, wo host dei Kind,
is ned seng kau?
Na dea wird betreut.
I bin jo jedn Tog vier Stund im Haushoit eideut.
Jetzt bleibt ma owa mei Spucke weg.
A Mau dea a Hausfrau vastcht.
Red van Staubsaugn, Woschn und Kocha.
Kaft nebnbei a Rouladn, des kau ma jo mocha.
Wei mi dea so beschäftigt, dua i song.
Ois richtiga Hausmau muaßt owa a bocha
und ned sowos hoamtrogn.
Des braucht zvü Zeit, des moch i ned gern.

Jetz frog i eam a nu,
ob er leicht zu de Beglmauna duad kean.
Na, des spoada ei, des muaß ned wirkli sei.
Jetzt foid unsra Nahvasorgarin wos auf,
weiß jo gaunz nebnbei.
Nau, zeascht woaßt nu gaunz begeistat fa eam!
Nua weila ned bocht und beglt,
duad des dei Hausmaunnsvorstöhlung zerstean?
Sie hot Recht, vor zwoanzg Joahr, do hätts funktioniert.
I wa volla Illusion und hedn in Himmi aufi ghept
gaunz ungeniert.
Jetzt was i, er streicht so einiges und mochts ned.
Grod songs, i bring ois durchanaunda durch mei Gred.
Seids froh, daß wos zlocha hopts,
san meine Worte zan Schluß.
„**I mecht**" nämli nu bocha und begln,
is bessa ois wia „**I muß**."

Woast des Du?

Woast des Du midn grean Foahrzeig heit?
Es hod mia gmocht a riesn Freid.
Es hod ana ghupt und griaßt auf da Stroßn fia mi.
So wos is scheh, irgendwie.
Da Gned hodn driem, so is ma fiakemma.
Jeda hod hoid im Lebn zan renna.
D´Neigier plogt a Weiwaleit trotzdem sehr.
I woaß ned, ob is darodn, es is schwer.
I winsch ma oafoch, du wast des gwen.
Durch mei Fantasie wird jetzt schena mei Lebn.
Bsundas füht se sowos au.
Und woastas ned du, daun woas a aundra Mau.
Is owa ned wirkli glaubn kau.
So freindli griaßt ka aundra Mau.
Ned mi.
I woaß des irgendwie.
Des woast du, gaunz sicha i mia bi.
Mei Gfühl teischt mi nie.

D´Flechtarei

A Bischal von do, a Bischal von duat.
A Blickfaung sois sei, de Erntekrone sofuart.
Wia mochmas hei, wia woas vorigs Joahr?
Oane hot de Ausbüdung,
de aundan dan irgendwie, na kloar.
A oachas Lab, von da Föhra an Nodl-Ost.
A Grassat und an Bux ohne Zünsla, waunst oan host.
A drahts Bischal vom Hei.
Daun siagst so maunche Lucka ned glei.
Aufputzt wird mit fetta Hehn im lila Ton.
A mit Lawendl, dea des zweite moi bliad schon.
D´Hageputtn leicht von da Weidn, a stochlige Gschicht.
D´Lampionblume genauso guad
und eindrucksvoi ma sicht.
Da Hopfn, er is erwähnenswert.
Wiada do va so vüh Biertrinka vaehrt.
Bei oan Bogn hängan de hellgrean Zopfn,
wia waun jeds zaumleitn dat.
Erntedaunk is boid, des hoaßt wia stad.
Wos wama ohne unsra Natur?
Oama Noarrn, mit nix in da Haund nu dazua.

A gspiariga Mensch

Des Lebn rennt und rennt dahie.
A gspiariga Mensch besitzt Empathi.
Positiv duat des klinga.
Owa ned imma Vorteule bringa.
Ma hängt zvü noch, steckt drin im Gfüh.
Grod bei soiche, de ma ned wirkli wüh.
Des is do ned scheh.
In a Depression kau des geh.
Woarum hot da Hergott ned a Vorrichtung dafia gmocht?
Druckst oafoch drauf,
waun da de Gefühlsduselei zu schoffn mocht.
Du wirst hoat, so wia maunch aundre Leit, san oiwei.
Es is da wuascht, obs grod trauri,
valetzt oda granti san nebnbei.
I mechts probiern.
Wos hob i zan valiern?
Bitte neich programmiern!
Oa Tastn hoaßt, fia nix mehr geniern.
Oane, i füh mi ned betroffa.
De „Wichtigste" wa nu offa.
Des is mei Jocka Tastn, völlig kloar.
Mit neamt vagleicha, bin jo a Rarität sogoar.
De Saumla nennan des „Liabhowastickl".
Jetzt betrocht i mi aus dem Winkl.
Ins Universum schick i mein Programm Traum.
Vielleicht dan mehr gspiarige Menschn
so an Wunsch haum?

Bevor is nu fiati hob formuliert.
Hob is in mia gaunz la gspiat.
In dem Moment hob i ma denkt.
Wo is de Löschtastn fia mei Experiment?
Ewig schod und es wa mia fiachtali lad.
Wauns kane gspiarign Menschn mehr gab.

Fenstatog

Woarum wird dea so gnaunt?
Fia mi is a Fensta mit Oawat vawaundt.
Entweda es is zan reinign, außn und innen.
Oda vielleicht zan vasiegln do herinnen.
So a Fenstatog steht zwischn drinnen.
Ma kunt den a mit Nixdoa vabringen.
I hobs nu ned dalebt während meine vier Joahr Dienst.
A Üwaroschung, wost ois im Klopapierkorb findst?
Zwa Flaschal Leibwächta mit fünfadreißg Prozent.
Eigantli gsund aus Wurzln und Früchtn, de ma so kennt.
Woaß eam so sußpeckt und unbekaunt?
Woarum da heitige grod Fenstatog benaunt.
Sicha is sicha, daß a guad duarchi kimmt durch den Tog.
Drum er zwa Flaschal Leibwächta mit hod.
Beschützt is ma daun sofuat.
Denn so a doweda Wächta paßt auf gaunz guad.
Oda woan am Ordinationsklo goa zwoa Leit?
Und haum se üwa des Kräutabitta gemeinsaum gfreit.
Spurnsicharung moch i grod.
On dem bsundren Fenstatog.
Bin scho richti neigieri, waun da nexte is.
Denn den Foi muaß i vafoign, des is gwiß.
Jetzt woaß is genau und bin schlau.
Wia aufregend so a Fenstatog sei kau.

LEIB
WÄCHTER
KRÄUTER BITTER
35% vol
0,04 l

Zwo zankate Gschirrdiachln

Des schenste Weda draußn auf da Terassn.
S´Dorffest guad umibrocht,
Gschirrdiachln gibts hiatzt in Massn.
Fleißi woans, guad gwischt und gsaugt,
daß Gschirr wieda glaunzt.
Ma glaubts ned, daß a do sogoar oans raunzt.
Streitsichti, so nennan mia des am Laund.
Vielleicht hots heia koana ghobt in da Haund.
Des hed a woin sein Dienst varrichtn.
So a Gschirrdiachlstreidarei muaß ma oafoch vadichtn.
„Du kloakariada Baumwoifetzn, du!
So genau ois nehma, des moch i do im Nu!“
Jetzt is draußt de Entteischung und da Zorn.
So a schlechte Energie
wa vielleicht goa a groß Loch sunst woan.
Wer loßt se denn so wos gfoin in da heitign Zeit.
So wos entsteht nur durch Neid.
„Wos bütsda du denn ei mit deine großn Kastl,
wo drauf a Guglhupf und Kürbis,
des wos bei dir scheh gmoint is.
Sogt nu laung ned aus, das´d mehr duast kina.
Olle zwoa häng ma do am Wäscheleil zan Orinna.“
Vastummt is de Zankarei auf da Terassn.
Drucka sans, des funktioniert nua bei de Nassn.

Da vagessane Beruf

Rahr sans woan und scho fost vagessn.
Jeda mecht owa wos van Hoizkoingrülla essn.
Es schmeckt so bsundas, ma hots ned imma.
Doch de wenigstn haum davau an Schimma.
A oide Haundwerkskunst va Genarationen üwatrogn.
Des Hoiz is zan Meila zan trogn.
Drucka muaß sei und richti aubrocht.
Dicht glogat uman Feiaschocht.
De Obdeckung is de Lösch, so duats da Köhla nenna.
Jetzt faungt des Beobochtn au, do hoaßts se auskenna.
Soid jo nua vakoin ned vabrenna.
Denn bei da Qualität, duast des kenna.
De Luftzufuahr wird greglt mit Lecha, de ma mocht.
Jetzt beginnt de wochnlaunge Woch.
Mit an Rohr wird probiert.
Ob ma Hoiz oda Koin scho gspiat.
So maunchn Köhla is hoaß woan unta d´Fias,
maunchesmoi.
Richti gfährli, denn do is a Hitz drin ollemoi.
Is a fiati da Meila, daun braucht ma flinke Händ.
Ollas oweng, eisackln
und den Koinstaub ned vagessn am End.
Schwarz is ma va obn bis unt.
Soid jo ned vagessn wean, de Haundwerkskunst

Da Himmi auf Erdn

Wos is da Himmi fia mi?
Kan Streit, kan Zank und zwoa nie.
Wos is da Himmi fia di?
Koane Schmerzn mehr in olle zwoa Knie.
Wos wa da Himmi fia d´gaunze Wöd?
Olle Nationen deafan do sei, und eana nix föd.
Den Himmi auf Erdn, dama den dalebm?
Vüle Glücksmomente duad a uns jedn Tog gebm.
Mia miaßatns nua a wirkli seng.
Kau i a a Himmi sei fia di?
Waun i ollas moch und dia hüf irgendwie.
Da Himmi is a wundaschens Gfüh.
Stauna kaunst üwa eam jedn Tog irgendwie.
Wia muaß daun erst wirkli im Himmi sei?
Dama uns drauf jetzt scho gfrei?
Üwaroi, wo ma de Liab vaschenkn
und da aundara deaf des gspian.
Dama uns in Himmi resaviern.

Hoamli

Wei er ned sei wü alloane.
Trifft da se mit ihr hoamli.
Des schlechte Gfüh is jetzt do.
Sie hod jo gsogt zu an aundan jo.
Hoamli, des waß nua sie und er.
Mit dem Streß duada se schwer.
In Bluatdruck treibts eam in d´Heh.
Trotzdem is a Geheimnis haum, scheh.
Wirds zur Gwohnheit, oiso fost normal.
Is des hoamli doa vaurteut zum Fall.
Er wird gseng, jetzt fliagta auf.
Des hoamli doa heat auf.
Sie steht ned zu eam, streit ois o.
Sogt a nu, daß a se vagriffa hot do.
Wos bleibt eam jetzt van hoamli?
Sei Schwur hoaßt, des mocht mit mia koane.
Fia olle Zeit bleib i jetzt alloane.

Des Jamman bringt nix

Hobs scho oft dalebt, es is ned nei.
Mei Oawatsplotz nu ned la, a Patient sitzt nu a Weil.
D´Kraunknschwesta is nu do, de zuaständi fia eam.
I dua inzwischn den Müll sortiern
und schau dasn los wean.
„Fiah mi hoam, geh sei so guad!"
So jammat dea oide Mau in oan fuaht.
Atmen duada laut und recht schwa.
Mia kimmts grod so fia,
wia waun dea vorm Herzinfakt wa.
„Des Jamman bringt nix",
sogt de Kollegin im strengen Ton.
„De Rettung kimmt daun schon."
„I hoits nimma aus, i kau nimma mehr laung!"
So klingt des Jamman weida daun.
De Schwesta fia de Kraunkn pockt se zaum,
i staun ned schlecht.
„So jetzt keada dir! D´Sanitäta kemman boid,
daun wird ois recht.
Er hot nix, er jammat nua gern.
Gaunz weng Geduid, des gibts bei de Herrn!"
Mia duad a Load, füz wach wa i fia den Job.
Bin i froh, daß da Staub kann Mund zum Jamman hot.
„Geh bring mi du hoam!", jetzt bin i aun da Reih.
I frog eam, ob er a Glasl Wossa wü dawei.
Deu eam mit, daß i vor da Ordi Tia dua zaumkian.
Damit i siach, waun de Rettung wü umabiang.

Er mahnt, i wa des richtige Weiwal,
fia eam passat des grod.
Wei er jo koane hot.
So schlecht kauns eam ned geh, denk i bei mir.
Waun i sei Partnarin sei sollat,
de Gelüste gebn se scheinboar nia.
So schnöh dad ma oan findn,
des Witwe wean wa zan dawoartn.
Owa de Jammarei aushoidn, is nua wos fia de hoartn.

Trinkst a Kaisa, bist a Kaisa

Auf da Kaisastiang,
kaunst scho des „Hoheitsgfüh“ gspian.
Im näxtn Raum.
Zwoa riesige Portraits, oafoch a Traum.
Sissi hot ihr Sternenkleid aun.
Da Franzl de Gala Uniform.
De zwoa woan vawaunt.
Schwesta Helene hed soin mit eam wean bessa bekaunt.
Doch „d´Liab“ hots aundast vorgseng.
D´Kaiserin va Österreich is bei da Hochzeit
erst sechzehn gwen.
A Tailie mit anafuchzg Zentimeta,
oiso a wödweits Schenheitsmodö.
A strengs Korsett woa fia sie a des Hofzeremonö.
A Naturmensch woas, des Freiheitsgfüh hot ihr oft gföld.
Drum hots so gern bereist de Wöld.
Des Meer hot de Elisabeth bsundas meng.
Triest und Korfu san zwoa ihra Zühle gwen.
Jedn Tog konsequent turnt, wei des de Fitness bringe.
Auf da Sproßnwaund, am Reck oda auf de Ringe.
De Kosmetik in an Koffa drin.
Vom Handschuhastrecka üwa Flaschal mit eigene Düfte,
gaunz noch ihrn Sinn.
De kaiserliche Hoheit hot ghobt Hoar
bis za d´Fiaß so laung.
Zwa Stund kamplet jedn Tog, de Frisearin daun.

De Zeit wird gnutzt, sie is literarisch interessiert.
Da Vorlesa untahoits, daß ned wird miad.
De Vorhäng, da Stoff von de Sessln im dunklen Rot.
Ananasdamast wird a von da
Fremdnführerin gnaunt grod.
Da Lichtputza hot miaßn bsundas ochtsaum sei.
Woan jo ochzg Kiazn in so an Lusta drei.
Owaloßn hot man kina von da Deckn.
Somit hot se da Aunzinda nua miaßn streckn.
Im Woartezimma de Damen sitzend,
de Herrn miaßn steh.
Mit da richtign Uniform hots ebenfois miaßn sei.
Jeds Aunlign hod da Kaisa notiert genau.
Vasuacht daß as a, so weit wia megli erfühln kau.
De kaisaliche Tofe, nein bis sechzehn Gäng hots gebn.
Des woa in ana dreiviertl Stund zan dalebn.
Vier Herrschoftn san imma bedient woan,
va x vü Personal.
Ruck zuck is gaunga, so woa des Anno dazumal.
Hübsch fria au, oiso a Morgnmensch
in Franz Joseph sei Zeit.
A Gebetsschaume, steht a in sein Zimma bereit.
Woara auf Födzug, haums vawendt a eignes Gschiar.
Robusta woas auf olle Fälle dafia.
In da Süwakauma is a eignes Mundzeig gleng.
Löffe, Gowe, Messa sowos is des gwen.
Auf da Reise hot de Kaisarin Elisabeth
ihr Lebn loßn miaßn.
Nua wei da Richtige ned do woa, sie hots miaßn biaßn.

Sechzg Joahr is de Sissi woan.
Mit an Stich im Herzn schließli vastoam.
Jetzt wird erklärt des Gefäß wos längli und schmoi.
De Gottesdienste haum se so zaht,
ma entleert sei Blosn amoi.
Obs an Urinträga a gebn hot, vor so vü Joahr?
I woas ned. Bin direkt froh, daß i do nu ned do woa.

Heit gibts Dodschn

Ma solat eigantli locha.
Denn es is nix mehr z´mocha.
Mia is zan rean.
Topfngulatschn hedns soin wean.
Stott an Teelöffe Soiz i vawent.
Nimm i an Eßlöffe in d`Händ.
De Fülle, najo, i denk so zu mia.
Woa scho amoi dicka, kummt ma fia.
Deits mi ned foisch vasteh.
A bsundre Nochspeis hätts soin sei.
Hobs eh erst beim Kostn vanomma.
Das z´sau san und de Konsistenz hoart augnauma.
Woa eh scho knopp bei de Oa.
Owa nua so wird mei Topfa goa.
Auf kann Foi vorbereit woa i heit Fria.
Spontan woit i hoid doa, so kimmts ma fia.
In Nochbarn woit i wos bringa.
Stöh ma scho vor, wia sei Lob fia mi duad klinga.
Des perfekt sei, so gern hätt is dalebt.
Konditormeistarin wa ma scho vorgschwebt.
I drau mi mit meine Dodschn ned außa Haus.
Liawa probier i nu wos aundas aus.

Woitog

Vastricha is de Zeit.
Bundespräsidentnwoi hauma heit.
Vazeihts mas, liawe Leit.
I wia do ned richti gscheit.
Bemüht hob i mi, zuagheat so maunchn Kandidatn.
Kinan de scheh redn,
ma glaubt a jeda wird sicha durchstartn.
Oana sogt goar, und is richti üwazeigt.
Daß a a gaunz oafoche Lösung fia ois hot,
ob dea ned üwatreibt?
Zu guada Letzt, es is a Graus.
Kenn i mi wieda ned aus.

Sogoar vor da Kirchadia
gibts a Woiinformation, kimmt ma fia.
Dea besogte Maun, redt va Wintaschuach.
Und daß a eam, de näxte Wochn liefan duad.
Gmoant is ana va de Kanditatn auf da Listn.
Dea duadse scheinboar mit „woame Schuach“ aufbristn.
Von an aundan is ma z´Ohrn kemma,
scheinboar a neicha politischa Moment.
Dea behaupt, daß a sein hoiwadn Lohn daun spendt.
I denk, mia mochadn des ums hoiwe Göd ollemoi.
Obwoi, i bin scho üwafordert
mit so ana „Bundespräsidentnwoi“.

I jo a goar ned so scheh redn kau.
Wos faungadn gaunz Österreich mit meina Mundoart au?
Ned amoi on an Woitog is unsa Kircha voi.
Vielleicht suachans nu obs Heih
a neicha Wintaschuach sei soi?
Nochn kirchlichn Seng bin i zum Woilokal gschrittn.
Aukreizt hob in,
und loßts ma des Woigeheimniss. I dat scheh bittn.

Spurn va an Menschn

Fischer Anna woa ihr Naum.
In da oidn Post woa sie dahoam.
Es is wirkli laung her.
I erinnat mi fost nimma mehr.
Besucht hob is, sie hot mi dafia zoit
fias Redn und Kaukau dringa hoit.
In da Kuchl d´Wäsch auf ana Staunga hängt,
des woa ned schlimm.
Wichti fia sie, daß an Bsuach hot do herinn.
Üwa de „Paula Wesely" woa unsa Untahoidung oft.
In jungen Joahrn hot ihr wer duat, an Dienst vaschofft.
G´haust hots richti bescheidn.
Des Plumsklo woa im Freien.
Koane Kinda koan Mau.
D´Leit song, a oide Jungfrau.
Auf d´Fias hot se se gstöht, des muaß ma doa.
Waun mas gaunze Lebn bleibt alloa.
Foid bei uns im Ort ihr Naum.
Va Fuchzge aufwärts,
se sicha jeda hoibwegs erinnan kaun.
D´Fischa Anna, so woa da Naum.
Gott sei Daunk dauts laung.
Bis va an Menschn de Spurn wirkli vawischt san daun.

S´Betn

S´Betn, so sogt da Herr Pfoarra schnö,
is des Atmen dea Söh.
De gräßte Mocht.
Mitsaumt da Liab scho vü voibrocht.
Gehts an guad.
Is dea Aunreiz fias Gebet weit fuaht.
Steckt ma in ana gräßan Not.
Glaubt ma aufamoi on an Herrgott.
Da Mensch, wia gern duad a vahaundln.
An kloan Einsotz gebn,
dafia soid se ois schnö zum Guadn waundln.
A Lebnshoitung, so is gedocht.
Waun wer vorm Brot aunschneidn
symbolisch a Kreizzeichn drauf mocht.
Es is koa Hexarei.
Nua des Bewußt mocha, da Herrgott is dabei.
Selig de glaubn, daß an Schöpfa duad gebn!
Und aufs Betn ned vagessn eana gaunzes Lebn.
De Söh braucht Luft, sunst duads dasticka.
Jedn Tog gibts an Grund,
a Daunkgebet zum Himmi zan schicka.

Des Guade üwas Schlechte

Sogoar zan findn in da Natur.
Dea Große is braun und deckt den Kloan hoiwat zua.
Er kriagt an Schutz, obwoira keat zu de Besn.
A Fliangbüß und a Stoabüß san zaumgwochsn gwesn.
Innen am Boart, pickt die Droge des Glücks drau.
Wia wauns goa ned aundast sei kau.
Beide haum in gleichn Woidbodn unta d´Fiaß.
Wia Gschwista stengans do, eigantli siaß.
Da erste Eindruck mocht ihn Kloan bsundas scheh.
Leicht jo scho von da Weidn,
so wirds in Großn niemois geh.
A Lehre fias Lebn, daß des Guade gräßa soid sei
ois des Schlechte drunta se befind und duat entsteh.
Des Guade üwas Schlechte.
Fia des mi zan Bemühn, jo des mecht i.
Denn es sogt mia mei Gfühl,
daß des Guade auf da Wöd nu laung ned is z´fühl.

Hatschi

Kitzln duads in da Nosn drin scheh kloa.
Is a Vakühlung sogoar?
Hatschi, so da Klaung gaunz gwiß.
Höf God, daß woahr is.
Uandli schneitzn head ma im Raum.
Gsundheit, so in da Schriftsproch da Klaung.
Des Neichaste, wos i gheat,
Entschuidigung sogt ma do, wei ma hod gstead.
I kaun jo nix dafia,
wauns grod so kitzlt in mia.
Höf God, daß woahr is, des sogt nua a ödas Leit aus.
Denn bei dem haum ses nu gsogt z´Haus.

So wos lob i ma

Denjenign, den i deaf ned nenna
duad den, dea do drinn liegt guad kenna.
San oft zaumgsessn und haum fochgsimpet.
An Weih drunga, damida a ned goa nu schümpet.
Leida isa scho laung vastoabm.
Doch dea Z´ruckbliebane duadse um eam nu soang.
Jedn Tog kimmt da aufs Grob zu eam.
Giaßt de Blämal, wos dan wochsn, gern.
Mein Gott denkta auf, wos haum mia glocht.
Zu Lebzeitn, hotas a scho gern feicht g´hobt.
Hiatzt schoff i des noße Klima do.
Denn des gangt eam sicha fiachtali o.
Waun so a Freindschoft bis üwan Tot auße besteht.
Gibt's ka Vawesung, wirkli ned.
Denn ma sogt jo a oisa lebendige „Prost,
daß de Gurgl ned varost."
So wos lob i ma.
Unzertrennboare Freind, de Zwa.

Obnteia pur

Vor fuchzehn Joahr, a bsundra Moment.
A Flugreise zum Afrikanischn Kontinent.
Unsre vier Kinda, zwischn drei und dreizehn Joahr.
Volla Spaunung und Aufregung, in mia vü Aungst sogoar.
Woa nu nia üwa d´Woikn, scho goa ned so weit weg.
Dahoam ois putzt, fois koana des üwalebt.
A schlechte Nochred, des dad ma weh.
Wauns sogadn: „Wia schlaumpat woa denn de?"
Oa Tog wia da aundre, wundaboar.
Vor anahoib Monat hots grengt sogoar.
Amoi Mexikanisch, Thunesisch, Indisch geßn.
Chinesisch und Österreichisch, mia weans ned vagessn.
Olle Tog, dea woame Wind.
Gaunze Wochn koa Woikn am Himmi ma find.
Da Palmenvakeifa, aufdringli olle Tog as wia.
D´Kinda baun Saundburg, probierns Segln, saumen
Muschln wia nu nia.
Des Obndteia geht z´End,
mia nehman Obschied van Meer.
A Aungst hob i koane mehr.
A bsundra Urlaub fia olle midanaund.
Dreißg Grad Untaschied, zu unsan Laund.
Schehn, waun dahoam ollas sauwa und putzt.
Und jeda Üwalebende des wieda nutzt.

Unerklärboare Kräfte

I glaub on de Mocht va Oan, dea fia imma geht.
Denn a Handy wa im Himmi a ned bled.
Grod van Todngrowa, dea erreichboar sei muaß
und hod weng Ruah,
erwoartsta a aufglodns Mobiltelefon nu dazua.
Vor oim de hoiwade Wöd auf da SIM Koartn drauf.
Koa Schodn in Foi, waun de Himmesdia ned geht auf.
Es hot nu koana gschofft und doch is passiert.
Drum dea Foi unerklärboar fost wird.
Dea ollaletzte Mensch, dea üwa dir amoi is.
Vorausgsetzt du wirst ned Feia bestott, daun bleibts gwiß.
Da fesche Todngrowa, dea mochts Grob frisch.
Woahscheindli woa des a aufglegte Soch
und ned de schlechtaste Idee.
S´Handy in da Seitntoschn,
und owefoin duads eh alloane scheh.
A guada Plan is gsteckt dahinta, des is kloar.
Ob hiatzt legt a sei Handy zan Boalkammal sogoar.
So mauncha hots leitn ghead.
Unta da Erd. Da Petrus woa auf Kur.
Und de Nummer woahscheindli vakehrt, anu dazua.
Unsa Gmoaschneck, üwa Grenzn hinweg bekaunt,
nimmt de Situation mit Humor in d´Haund.
Frogt de trauernde Tochta,
ob d´Mama a Handy hot ghobt, a kloans.
D´Auntwoart woa „Na!“
Er sogt grinsend: „Jetzt hots oans“.

In dem Moment stroit a de Hintabliebene
und so ihrer Worte Klaung.
„Glaubst hots do unt an Empfaung?“

Vom Herrgott vagessn

Es gibt Leit, de haum a Privileg.
Eana Auftrog is, zan bleibn, de gegan ned so schnö weg.
De ötaste Gemeindebewohnarin mit ihre hundatvier Joahr
üwalebt Corona sogoar.
Auf jona hots wieda gessn.
D´Leit song, de wa vom Hergott vagessn.
Ihr Geburtstog steht on.
So da Klaung.
Waun ma so a hoche Zoi erreicht.
Is de Politik a ned weit.
Des keat in d´Zeidung, keat unbedingt insariert.
Damit dea Ort bekaunta wird.
Der Moment is do, üwarreicht wird a Geschenk.
Des zoagt, daß ma a on des ödaste Leit nu denkt.
Zum Obschied stöht da Politika nu a Frog glei.
Deafma nexts Joahr a wieda
zum Gratuliern kemma vorbei?
Ois Ehrenbürgerin deafst woahscheindli
so a Auntwort gehm.
„WAUNS NU LEBM?“

Es gibt ka Zruck

Ma glaubt, ma duad brav lebn.
Zwoa moi oghaut, des Urteu trifft an jedn.
Wuascht wechan Titl voan Naum.
Und wievü Göd ma duad haum.
Zeascht wochst im Utarus heraun.
Aufamoi stehst üwaroi aun.
Du schmiedest an Plan.
Kimmst owa nimma ham.
Beginnst a neichs Lebn mit schrein und essn.
Des vorgeburtliche is komplett vagessn.
Es daut zwoa a Zeit.
Auf jona bist a stehats Leit.
Du schoffst, du duast, du ruachlste krumm.
Und irgendwaun foist um.
Jetzt kimmt des ewige Lebn daher.
Zum Vorstöhn woa des oiwei schwer.
De zwoa Lebn vorher san nimma do.
Bist jo jedsmoi oghaut, Holodrio.
Zeaplotzt ois wia a Luftballon.
Ma hot kan Schimma mehr davon.
Jetzt gabs de Chaunce Numma drei.
Nimma ohaun, sondan bleibm dabei.

Kindamund

De Oma geht rostn, sie is jo scho 80 Joahr.
S´Enkal leistet ihr Gsöschoft,
fias Kindagoartndirndl is des kloar.
Auf Knopfdruck geht des „Schlafal“ ned.
Drum wird nu a weng gredt.
D´Großmuata is imma scho intressiert gwen.
Wos neix zan probiern, wos neix zan dalebn.
„Wos kuntat i nu leana fian Beruf, wos duastn glaum?“
Duats ihr Enkal frong,
und de duats mit große Augn auschaun.
Vorschlog von da Oma kimmt nu schnö.
A Molarin? Ois ersta moilat i di göh.
D´Auntwoart va da Enkelin in dem Zimma.
Fia des bist scho z´oid, des geht nimma!
Bist jo boid bei Gott, du duast jo boid steam.
Du kaunst nua a Göttin wean.

Mystisch

Unsa Hochwürdn nennt eam Rosnkraunzmonat.
Ob Glor, Schmerz oda Freudenreich s´Betn se lohnat.
Fia mi is grod wias hächste Gebet.
Finsta, Alsphalt noß, da Voimond prächti am Himmi steht.
Wühl dalebn wias is, bevor da Tog beginnt.
Bevor Stroßnlärm üwahaund nimmt.
In de Warnwestn bin i gschloffa.
Denn wer wühl scho wean, vo an Jaga troffa.
Da Morgnnewe steht üwa d´Wiesn nochn Regn.
Es is ned koid, ka Wind, so duaris meng.
Voroim ois is zan vanehma.
Grod heart ma de Oachln van Bam owakemma.
Daschreckt hot se a großa Vogl, dea va mir ned zan seng.
Schreiend und flüglschwingend hear ihn nu a weng.
Dea wird se denga: „Senile Bettflucht!“
De keat a scho zu de Oidn, drum s´Weite sucht.
D´Heisa haum scho a Liacht, da Morgn faungt au.
I bin am hächstn Punkt und gfrei mi, daß da Oktowa so mystisch sei kau.
Midn Handyliacht siacht ma de Schwammal noch da Reih steh.
Da i ka Kenna bin, weans kane Bsundan sei.
Mia hots vü gebn.
Den neichn Tog mystisch zan dalebn.

De Technik is a Luada

Laundpomaranzn, so dad i uns nenna.
Fia d´Stodleit sicha zan dakenna.
A Ausflug noch Soizbuag midn Zug.
De Foahrt vageht im Flug.
Midn schen Weda weama belohnt heit.
Des is im Novemba a Freid.
Zwa Adventmärkte haum offn
und dan aufs große Gschäft hoffn.
Zur Stodtoim gibts an Lift aufi, de Aussicht a Traum.
In da Sun mia daun Mittogessn haum.
De Suche noch an stilln Örtchen daut ned laung.
Weils a öffentliches WC am Berg aufibaut haum.
D`schware süwane Eisndia steht offn,
daß kana in d´Staudn geht, so wia bei d´Offn.
Mei Mau ois ersta drin, i steh davor.
Er vaschliaßts ned gaunz, des dua i va draußn doa.
Sicha is sicha, wei i wem kemma gseng.
So dua i vor da zuagmochtn Dia stehn.
A Wei dauts au.
Daun klopft, vazweifet da Mau.
Eig´sperrt ka Liacht, wos soi er jetzt doa?
Haufa Knäpfal zan drucka oda wischn,
und er do drin alloa.
Waun de moderne Toilettn,
va innen mit Knäpfaldruck vaschlossn wird
erstroid automatisch a s´Liacht.
Da jo i va draußn des hob erledigt,

waß des Klo ned, daß do oana drin is womeglich.
Gott sei Daunk, de Eisndia geht wieda auf.
Hoda do am richtign Knopf druckt drauf.
Drucka oda wischn.
Wos ma in da Stodt ois soid wissn.

Oafoch deunehma

Schau in Kalenda.
Heit is da ochte Dezemba.
Im Advent sama scho drin.
Maria Empfängnis, so da heitige Sinn.
Sechzehn Tog auf Weihnochtn hin.
Oiso Streß pur bis dohin.
Unsa Singkreis is olle Joahr bemüht.
Adventstimmung in uns zan zauban,
indem er singt und vorspühlt.
Oa Stund fias Herz und fias Gfühl.
Es muaß oft ned mehr sei, es braucht ned vül.
Van Lärm va da Hektik, Obstaund znehma.
Stüh wean, zuahean, oafoch deunehma.

Auf da Suche

Waun ma auf da Suche is.
Vafoigt ma a Züh, des is gwiss.
Geduide soid ma sei.
Denn ma finds ned oiwei glei.
Jetzt gibt's ses wieda im Advent.
Eucharistiefeian, de ma Roratemessn nennt.
Bevor nu d´Sun aufgeht und da Tog beginnt.
Ma se am heilign Ort aufs Wesentliche besinnt.
Wei ma in da heitign Zeit nimma so richti stüh kau wean.
Zwecks da gaunzn Eikaffarei und dem Bespaßungslärm.
Advent hoaßt Aunkunft, i bereit mi vor.
Aufn Herrn sogoar.
Oda aufs Kind?
Eigantli suacht mas Kind.
Fias Kind owa Maria und Josef ka Herberg find.
Auf da Suche, wia oft bin i des in mein Lebn?
Oda kau i an aundan a a Herberg gebn?
Mit an Telefonat, an Bsuach oiso Zeit fia a aundas Leit.
Des kunt Herberg sei in unsra so modernen Zeit.

Advent

Keksal bocha.
Sauwa mocha.
Kranzl bindn.
Passende Geschenke findn.
Nochhoatzn beim Herd.
A des is im Advent ned vakehrt.
D´Nuß aufschlogn.
Bei da Oawat plogn.
Adventmoarkt geh.
Duat mit an Glühwein steh.
Wundaboare Beleichtungen in da Einkaufsstroßn.
Weihnochtsmusik klingt vo ana aundan Gossn.
Üwaroschungspost vaschicka.
Fenstabüda moina und onepicka.
Lebkuchn vaziern.
Durchn Schnee maschian.
Krippal baun.
Durchs Schließlloch schaun.
Zum Advent keat so vü und nu vü mehr.
Da Kalenda is nua mehr oa Bladl schwer.
Vorbereitung aufs Fest.
Des is da Advent imma scho gwest.

Herrgott schau owa

Braucht ma an Rot.
Duats richti roatzn grod.
Sogt ma: „Hergott schau owa", daß ned ois z´spot.
Duas wieda richtn, nua du kaunst des grod.
Es woa Advent.
De dritte Kerzn brennt.
Eigantli a schens Gfühl in mein Raum.
D´Vorfreid auf Weihnochtn do, drum dua i aufischaun.
Zum gschnitztn Herrgott, dea hängt in da Eckn.
Auf amoi dua i fiachtali daschreckn.
Seine Augn hod a offn, olle zwoa.
Er schaut grod direkt auf mi, jo er duats doa.
Herrgott schau owa, wia schnö is des gsogt.
Waunas daun duat, wa ma vazogt.
A Erklärung hob i mittlaweu gfundn.
Dea Schein van Kiarznliacht hots so gmocht,
daß i so empfundn.
Herrgott schau owa und loß uns vasteh.
Daß´d ois siagst, waun a deine Augn zua dan sei.

Vorbei

Jetzt is umi de Stund.
Nu länga sitzn i kunt.
Woam hob is in mia drin gspiad.
I bin a ned miad.
Na des duad guad.
Wia waun jetzt wer bei mia wa und nimma geht fuat.
Gehts da a so in da letztn Reih?
Scheh woa des Adventsinga hei.
Du do obn am Chor „Kimmts da a so wundaboar vor"?
I gfrei mi scho richti auf näxts Joahr.
Vagötts gott, unsara großoartign singadn Schoar.
Bitscheh singts uns oin im näxtn Advent wieda vor.
Nua so bleibts bei da schen Erinnerung olle Joahr.

Woa des a Freid

Es is scho laung her.
Drum foit de Erinnerung schwer.
A Dirndl gaunz jung, i glaub Voikschuizeit.
Mocht bei an Preißausschreibn mid volla Freid.
Natirli schriftli mit an richtign Briaf oda Postkoartn.
Ned Intanet oiso oneline,
vor vierzg Joahr do host nu kiena woartn.
Ma hots goa nimma gwißt,
a richtige Üwaroschung woa des daun.
Das ma do irgendwo mitgmocht hot, irgendwaun.
A Packal hot brocht da Briaftroga heit.
Aufn Dirndl sein Naum, und Weihnochtn ned weit.
Sie hebts auf, wüls untan Christbam daun legn.
A bsundre Üwaroschung is des daun wirkli gwen.
Es kimmt fia a Cosy Uhr fian Oarm.
Beim Klopapier hots mitgmocht,
und es is a Oarmbaunduhr woan.
A unerwoartete Freid is imma wos schens fia oan.
Weihnochtn is fia sie deshoib gaunz bsundas woan.

Eiszopfnstreidarei

Gestan woa ma nu a Wossa, wias jeda kennt.
Do san unsre Moleküle nu umanaundagrennt.
Koid is woan in da Nocht.
Unta Nui hots de Außntemperatur brocht.
Fost nimma woin se de Teilchen bewegn.
Jedn Tropfn kaunst on uns Zopfn daun seng.
Jetzt hängma do in unsra Procht.
De Sun hot uns wundaboar zan Glitzan brocht.
Fois uns erwärmen kau.
Faungan se unsre Moleküle wieda zan bewegn au.
In da koidn Nocht daun drauf.
Heat des Tropfn wieda auf.
So wochs ma weida und wean gaunz laung und spitz.
Da Neid unta uns, focht grod au a Streidarei mit Hitz.
Wia Orglpfeifn hängma owa vaschiedn laung.
De Streidarei hot ihrn eignen Klaung.
Zwoa wirkli Dicke, gaunz nemanaund.
Kinnans ned vasteh mit ean Vastaund.
„I daleb Weihnochtn, denn i hob vier Spitz.
Du mit deine zwoa,
de wean boid fuat sei mit da Sunhitz."
„Büd da ned so vü ei, du Koloß.
Gleich laung sama, des hot a wos."
Dea schlaunkare Zopfn vasuacht se aunezhänga.
Daun kenta a de heilige Nocht dalebn, so duad a denga.
Er fühlt se owa ned woi,
nebn dem eipüdarischn gfrornen Wossazopfn.

Grod merktda wieda, daß eam de Sun loßt owetropfn.
Jetzt kimmt a Woikn, de Sun scheint nua am Dickn hin.
Heit wirda de Höfte weniga, oiso jetzt isa din.
Grod heat man song.
I muaß mi plong!
Sog, häng ma se zaum?
Daun kimma nu länga do hänga draun.
Des woa a vom Aundan da Plan.
So woans a zu Weihnochtn imma nu zu zweit
und ned allan.
Und de Kloan haum olle dalebn und dalosn kina.
Daß des ewige Streidn nix duad bringa.

Süwösta

A „Oidjoahrstog“, kau ma song.
Wei er nua mehr a poar Stundn duad hobn.
Der Countdown rennt.
Außagwischt wird, wos ma daglengt.
Eikaffa fia den bsundren Moment.
Wo des Oide ins Neiche umarennt.
Fia olle an Glücksbringa.
Vor oim wos guads zan Tringa.
Da Kalenda is heit scho gaunz dien.
Da Neiche duad danebn lieng.
De guadn Vorsätz, olle Joahr da gleiche Schaß.
Onemma, nix rauka, nix saufa. A poar Tog, daun is wieda
da oide Kas.
Dama liawa daunkboa sei.
Denn des Neiche kehrt boid ei.
Des bleibt daun dreihundatfünfasechzg Tog.
Denn fia a Hoffnung und a Zuvasicht is nia z´spot.
Loßts de Glasln klinga.
Des Proßt deits singa.
Zum Woizaschriat eich schwinga.
Daun kauns nua wos guads bringa.

Daungsche

Kuntat i guad singa zu jedn Ton,
schreibat i vüle Liada schon.
Des Vorlesn dea Reime is ned goa so schwa.
Es gibt des näxte Biachl, jetzt sans zwa.
Danke on olle, alloa gang des nie.
Spendn dama wieda zum Liachtblickhof hie.
Waun i hear, daß denan Leit des mocht a Freid,
sitz i mi glei wieda hie und schreib.
Denn a Leidnschoft deun, motiviert ollemoi.
Obst singst oda dichtst, berührn muaß die auf jedn Foi.

D´Margit

Nimmts ihrn Stift in d´Haund,
zeichnan de Finga glei umanaund.
Se wissn genau, wias ausschaun soid, wauns fiati is.
Meistns gelingts a, weil a Künstlarin de Margit is.
Deits es ned stean.
Sie zoagt se a ned oiwei gern.
De Autorin gibts a ned mehr her,
denn des Biachl vamißat de tolln Zeichnungen sehr.

Der Lichtblickhof

Vor einiger Zeit lernte ich den Lichtblickhof in Wald bei Pyhra kennen. Er ist ein Leuchtturmprojekt. Dort helfen engagierte Menschen Kindern die besondere Zuwendung brauchen. Kinder mit unheilbaren Krankheiten, Kinder mit Behinderungen aber auch traumatisierte Kinder bekommen Unterstützung mit Hilfe von Pferden und Therapeuten, damit sie mit ihrem Schicksal besser umgehen können.

Diese Einrichtung wird von einem Verein betrieben und ist von finanzieller Unterstützung abhängig. Auch das war ein Grund für dieses Buch. Ich möchte mit einem Teil des Verkaufserlöses den Lichtblickhof unterstützen.

Mein besonderer Dank gilt Margit Funk, die ihr Mitwirken am vorliegenden Buch gratis zugesagt hat. Sie unterstützt damit ebenfalls den Lichtblickhof in Wald und hat dafür so wunderbare Zeichnungen gemacht. Auch der L&L Verlag fördert durch Gratisarbeit (Lektorat und Layout) dieses Leuchtturmprojekt.

Nun hoffen wir alle, dass dieses Buch wie das erste viele Abnehmer findet, damit eine möglichst hohe Summe als Spende zusammenkommt.

Veronika Girsch

Impressum

Texte: Veronika Girsch

Bilder: Margit Funk

Cover: Wilhelm Maria Lipp

Bildbearbeitung und Layout: Wilhelm Maria Lipp

Druck: WIRmachenDruck GmbH,
71522 Backnang Deutschland

© **L&L Verlag**, Pottenbrunn
April 2023
www.LL-Verlag.at
ISBN: 978-3-902928-23-8

Kontakt und Bestellungen:
office@LL-Verlag.at *bzw.* LundLverlag@gmail.com
Im Buchhandel oder im online-Shop des Verlags,
sowie bei der Autorin und bei der Zeichnerin.

ISBN 978-3-902928-23-8

9 783902 928238 >